千社札にみる江戸の社会

滝口正哉

目次

はじめに……3
第一章　江戸庶民信仰の娯楽化――千社札をめぐって――……9
一　千社参りと題名納札……9
千社参りの登場　9
千社参りの誕生した時期　13
挿絵に描かれた初期千社札　15
落書きから「納札」へ　18
二　納札活動の展開……24
居住地域と職業　25
『花の上野晦日の薄暮』の世界　30
文化八年頃の納札界　37
三　題名納札の社会的評価と多色摺交換札の登場……39

寺社の千社札観　39
斎藤月岑の千社札観　42
連の登場と幕末遊芸社会　44
活動拠点を移行　49
第二章　初期の代表的な活動家……51
一　「てんかう」「麹五吉」……51
二　「天愚孔平」……54
三　「源加一」……56
四　「鳩三思」……64
五　「守法拝」（蘭華子）……71
第三章　幕末維新期の納札活動—江戸趣味の系譜—……73
一　集古会と千社札……73
二　納札貼込帖にみる幕末の納札活動家……75
A　「柳都納札連名集」　75

B「納札集　第拾一号」　81
C「納札集　第廿八号」　83
D「納札集　第廿九号」　86
居住地域と職業分布　87
三　活動家の交友範囲……91
（一）梅素亭玄魚　91
（二）仮名垣魯文　108
（三）「田蝶」　114
（四）「馬具兼」　116
四　幕末維新期における納札文化の構造……117
『題名功徳演説』と『神社仏閣納札起原』　117
室内文芸と安政大地震　122
第四章　神田祭礼と納札文化……129
一　祭礼にかかわる人々……130
神田祭礼の連札　130

交差する職業　135
室内文芸社会と芸人　138
祭礼に熱狂する人々　140
二　違法出版……143
『藤岡屋日記』にみる嘉永期の出版事情　143
「鯰年代記一件」　147

第五章　上層町人と「中人以下」の世界……151
一　紀伊国屋長三郎と版元恵比寿屋庄七……151
嘉永四年の長旅と錦絵　152
錦昇堂版役者大首絵　157
明治維新後の恵比寿屋　160
八代目長三郎の交友関係　164
二　「中人以下」の世界……169
斎藤月岑による江戸の中下層民の視線　169
銅器職講奉納の大山の銅鳥居　173

第六章 江戸文化の継承と納札文化……179
一 富士信仰と千社札……179
二 札所・納札塚と千社札……185
三 収集家と千社札……189
四 江戸趣味と千社札～むすびにかえて～……192

別表
1 納札家の分析 196
2 『花の上野晦日の薄暮』登場人物 210
3 連札にみる代表的納札家 215

参考文献 227
あとがき 233

千社札にみる江戸の社会

はじめに

本書はいうなれば千社札の史的考察である。そもそも今日、日本の伝統的な文化や風俗・習慣といった場合、その多くが近世に端緒を見出しうるものであり、「江戸」文化をイメージさせる事物の大半が、庶民層を中心に上方を凌ぐほどの文化的成熟をとげた、近世後期の江戸において誕生したことが解明されつつある。また時代劇や小説をはじめとしたメディアが、多少の錯誤を犯しつつも、現代の人々に「江戸」を身近なものにさせていることもまた事実である。

このような現代に生きる「江戸」ないし「江戸」文化のイメージするものと、戦後歴史学が解明してきた江戸の実像とは、大きくかけ離れている点が少なくない。両者の関係をみた場合、後者が前者に対して新たなイメージを喚起するケースは、これまで幾度となく試みられており、相応の貢献もなされてきたものと思われる。一方、前者はメディアを通じて江戸趣味の支持層を拡大するとともに、「江戸」のイメージを多角的に普及してきた功績には、目を見張るものがある。しかし、ここで前者の江戸をあえて「　」で括っているのは、イメージが先行する反面で実態の解明がともなっていないと思われる点が少なくないからである。本稿で取り上げる千社札も、誰もが知っていて「江戸」文化を代表するものでありながら、近世においての実態や、その背景となる社会構造などが研究対象として位置付いていないもののひとつである。

今日一般に千社札といわれているものは、寺社の本堂や水屋の柱・天井に名前や屋号に類する文字（「題名」という）を地名とともに書き記した、主に墨摺一色の紙片を指す。しかしこれは千社札のもつ多様な性質の一面を表すにすぎない。愛好家の間では千社札を「せんしゃふだ」と意識的に呼ぶほか、さまざまなルールを設けている。そして千社札自体にも用途による厳密な使い分けがあって、こうした紙片を「貼り札」といい、神社仏閣に貼り付ける行為を「題名納札」と呼んでいるが、このほかに「交換納札」というものが存在する。「交換納札」は愛好家間で開催される交換会において自作の多色摺の札（「交換札」という）を交換しあう行為で、そこには錦絵に通じるデザイン性がみられる。またこれとは別に、「連」という同好のグループ内で共同制作する「連札」というものも存在する。

この千社札を広く一般に紹介したのは、「いせ万」こと神田多町二丁目の青物問屋「伊勢屋万次郎」の五代目主人大西浅次郎、および旧幕臣で牧師の山中共古である。明治四十四年（一九一一）、納札会が解説書と愛好家の人名録とを兼ねて『納札大鑑』を刊行（これは当時愛好家として多くの千社札に筆をふるった書家、太田櫛朝《せっちょう》を中心に関係者三五名の協力のもとに編集されたものである。なお、本書は平成十三年十月に山口政五郎氏によって復刻されている）した当時、この世界に名を馳せた「いせ万」は「長徳元年に花山入覚法皇が熊野の那智から美濃の谷汲迄、壱ヶ所一首の御歌を詠してお残しになった其折、石摺御判の納札を御用ひ遊ばしたのが始まり」（いせ万「江戸時代の千社札」）とその由緒を平安朝の昔より行われてきた巡礼納札に結びつけ、また在野の研究者で柳田国男に多大な影響を与えた山中共古は、「千社参り納札」として千社札の沿革を述べている（「千社参り納札に就て」）。

千社札は明治維新期の廃仏毀釈運動を画期として、江戸時代のものと明治末・大正期以降のものとに大別される。とりわけ大正〜昭和初期にかけては千社札の世界（以下本書ではこれを「納札界」とし、千社札に興じる行為を「納札活動」、愛好家を「活動家」とする）が大変活気づいていた頃で、前掲の「いせ万」・山中以後も関連資料の紹介がなされ、落語家で活動家・札の収集家でもあった古今亭志ん馬（金川利三郎）の『納札大史』、さらには千社札に魅せられ、「お札博士」と呼ばれた米国の人類学者フレデリック・スタールの『納札史』が登場するなど、千社札の歴史が注目されるようになった。しかしこれらは主に活動家や千社札収集家による分析の域を出ることはなく、多くは活動家間での自費出版ということもあって、社会的に認知される機会も少なかったため、その後も歴史学の研究対象として体系化されるにはいたっていない。

このようななかで浮世絵摺師の関岡扇令氏が一九七〇年代以降千社札の世界を一般に紹介された功績は大きく、江戸のいきなあそびの文化を伝えるものとして世間一般に周知されるにいたった。ここで関岡氏は千社札を江戸ッ子の「いきなあそび」ととらえ、「納札＋木版印刷文化＋江戸趣味＝千社札」という図式を導き出している。すなわち、これは古来の札所巡礼に連なる「納札」の習慣に近世後期の江戸で盛んになった錦絵をはじめとする木版印刷の文化、そしてこれまた近世後期に確立された「江戸ッ子」の好んだ趣向を盛り込んだ江戸趣味の文化の三つが融合したものとの見解である。そして氏はとりわけ多色摺の交換札・連札に着目し、「江戸のグラフィックデザイン」として江戸特有の「いき」という洗練された美意識のもとに作成されたことを述べ、千社札は江戸を発祥とするもので、現在でも活動家の居住地域は従来の江戸とその周辺域にほぼ限られるとしている。氏のこのような論は実際の活動家としての視点のみならず、長らく千社札制作に携わってきた立場からの世界観が深く反映されており、傾聴に値すべき点は多い。

しかしながら、右には納札に由来するといわれる信仰に基づく行動論理が、娯楽性をともなうことによって変質していくことの社会的意義については、ほとんど触れられていない。我々が千社札をもとに江戸文化の特質の解明を試みるとき、問題となるのは、いかなる経過をたどって千社札が江戸という巨大都市に固有な文化社会を形成するにいたったのか、そしてその担い手とされる人々はどのような階層・地域分布をみせていたのかという点である。

そこで取り上げたいのは西山松之助氏の論である。氏は「江戸の町人たちが、町人自身の文化生活をもつに至」る条件に、次の三点を示している。

①市井に生活する名もない町人であった人々が、すでに個性的に自己主張をするという、いくらかのめざめた人間像が成長してきた。

②そういう集団に加わる人々の多くが、読み書きを自由にすることができるようになっていた。
③参会者相互の間に、おのずから規制しあう町内生活の位置とか、催しものに対する文化度の自己評価が成立していた。

西山氏は右の要素をふまえて登場したものとして千社札を挙げている。ここで氏は宝暦～天明期に江戸ッ子の文化社会が成立したとして、音羽の狛犬奉納の講中や両国の浄瑠璃会の花代参会者を取り上げるとともに、千社札の流行を指摘し、そこに「あそびの性格」や「江戸の町に根をおろした住人」としての要素がみられることを述べているが、その文化社会の担い手や実態の具体的解明にはいたっていない。ここで筆者が関心をもったのは、氏の構想する行動文化論の分析対象の俎上に千社札ははたして位置づけられるのであろうかという点である。

また、千社札にはさまざまな色摺りの札があって、錦絵に見紛うばかりの芸術性の高いものも少なくない。これらをみると、千社札が錦絵に近い文化的要素を持ち合わせていることが予想される。そして千社札を愛好する人々には、比較的職人肌の人々が多く、江戸の庶民文化の気風を伝えていることも忘れてはならない。

このようにみていくと、千社札がもたらした文化にはいくつかの変遷があり、各時期の特徴や現代に至るまでの道すじを明らかにすることによって、その背景となる江戸社会や江戸文化の継承といったものが垣間見えてくると思われる。そして千社札をひとつのレンズとして、江戸文化の担い手や彼らを中心とした社会の側面がみえてくることだろう。

そこで以下本書では関岡氏の残した課題に留意するとともに、西山氏の行動文化論における千社札の位置づけを考慮しながら、庶民の信仰が江戸という地域社会において娯楽性を帯びつつ特有の文化社会を形成していった意義を考えてみたい。

なお、本書では活動家の題名を表記する際には、あえて「 」を付している。

第一章　江戸庶民信仰の娯楽化　――千社札をめぐって――

一　千社参りと題名納札

千社参りの登場

そもそも「千社札」という言葉は、文化三年（一八〇六）の川柳に「千社札　留り九郎助　稲荷なり」（『柳多留』三四編二七）とあるように、すでにこの頃には庶民の間で使用され、ある程度定着していたことがわかる。山中共古によれば、その起源には二つの流れがあるという。一つは千という数に心願成就の意をもたせる行為で、「千度御祓」や「千度詣」がこれにあたるとする。またもう一つは納札、すなわち西国・坂東の三十三所巡礼などにおいて木札などに自分の名を書き、これを各寺社に納めるものである。その一方で関岡氏は、天明～寛政頃に江戸で流行をみせた「稲荷千社参り（詣り）」に直接の由緒を求めている。詳細は関岡氏の著書に譲りたいが、稲荷を千社廻ることにより心願成就の意をもたせるという要素や、札所巡礼の風俗を多く受け継いでいる点で、千社札は山中の指摘する両要素の融合したものとみることができる。

ところで、二月の初午は江戸庶民の年中行事として、街なかの稲荷小祠を中心に広汎に行われていた。たとえば安永十年（一七八一）の町触において、「町々で稲荷の初午行事をする際に、大幟や挑灯、その他飾物などを大がかりにしてはいけないという触をすでに元文三年九月に出している。また、神事などにかこつけて、町内店々に出銭させることを禁ずる触を七年前の五月二十日に出したが、このたびもそのようなことがないよう、各町々で申し渡すように」と述べられているように、初午の稲荷参詣の熱狂ぶりはすでに元文期には幕府の取締の対象となっており、大きな幟を拵えて華やかに飾りたて、ときには神事祭礼に事寄せて町の住民より金銭をもらい歩くことが広く行われていたようである。初午の光景について、古くは享保二十年（一七三五）刊行の『続江戸砂子』では「諸所の稲荷の社、あるいは武家や大店の屋敷・町屋の鎮守の宮に五采の幟を立てて奉幣し、神楽を奏す。とりわけ江戸には稲荷の社が多いので、参詣者で溢れかえっている」と述べられており、幟を立てた稲荷に多くの人々が参詣に訪れ賑わうさまを伝えている。これについて山崎美成は、文政五年（一八二二）の稿になる『民間辞令』に「二月の初めより町々の児童が集って古い絵馬を持ち、稲荷詣と称して家ごとに銭をもらい歩く。集めた銭で絵馬を買い、その所々の稲荷社に奉納するのである」と述べている。彼はここで江戸市中の児童が初午で活躍する点を指摘しているが、当時初午の時期に各町々の稲荷に絵馬の奉納が行われていたようである。また宮田登氏は初午に子供が稲荷を巡拝することを千社参りの一環であるとし、数多くの稲荷社に参詣する行為にあらゆる災厄を追放しようとする意図が込められていたとしている（『江戸ことば百話』）。

なおこの出銭の慣習については、以後も初午の風俗に根強く受け継がれたようで、享和四年（一八〇四）の町触は「初午に稲荷講と称して子ども・大人が交わり、町々に奉加（寄附）を募りながら歩き回り、もし金品を出さなければ、ねだり行為に及ぶ輩がみられる」と述べて、大人も加わった大規模なもので、それはときに「ねだり」行為に発展する実態を伝えている。それゆえ同趣旨の触は幕末まで断続的に出され、長らく社会問題とされていたと考えられるのである。そして天保頃の江戸の年中行事を詳細に紹介している『東都歳事記』の初午の項には、次のように記載されている。

○江戸中稲荷祭、前日より賑へり。江府は、すべて稲荷勧請の社夥しく、武家は屋敷毎に鎮守の社あり。市中には一町に三五社勧請せざる事なし。寺社の境内に安ずる所は、神楽を奏し幣帛をさゝげ、市中にも挑灯行灯をともし、五彩の幟つらね、神前には供物灯火をさゝげ、修験禰宜を請て法楽す。又、男児祠前に集りて、終夜鼓吹す。

○千社参りと号して、稲荷千社へ詣るもの、小き紙に己が名所を記したる札をはりてしるしとす。此族殊に多し。何れも中人以下の態なり。

すなわち、武家屋敷には各屋敷ごとに稲荷を勧請した社があり、各町内には三～五ケ所も存在する。初午を迎えた江戸では無数に散在する稲荷社において神楽・法楽などの宗教儀式が行われ、市中には挑灯や行灯を灯して子供が終夜社前で太鼓をたたき笛を吹くのだという。そして注目すべきはこの日、小さい紙に自分の名を記載した札を各所の稲荷を参詣するごとに次々と貼っていく人々が活躍している事実である。これこそまさに「稲荷千社参り」にほかならず、祭礼で活気づいた江戸市中を子供のねだり行為↓絵馬奉納という活動と平行して、札を貼る活動家の面々が存在したことがわかる。また、牛込居住の小身の武家といわれる栗原東随舎は、寛政五年（一七九三）の初午に「百社詣で」を試み、千住〜駒込のあたりを貼り歩く様子を述べている（『古今雑談思出草紙』）。稲荷千社参りはこのように江戸特有の年中行事の一つでありながらも、絵馬奉納に通底する寺社参詣形態なのであり、ときとして民衆のエネルギーを発散させる格好の機会ともなって、幕府にとっては社会秩序を乱しかねない取り締まるべきものと映っていたのである。

この千社札を貼るという行為は、多くの寺々を参詣することによって諸願を達成するのを目的とした札所巡礼の心意に通じる一方、格好のレクリエーションでもあったため、その対象は稲荷にとどまらなかったようである。すなわち、十八世紀中頃以降御府内の各所に設けられ多くの参詣者を集めた、江戸三十三所などの札所の写をはじめ、富士塚・七福神・六阿弥陀などのミニチュア参詣コースに応用されていったという展開が指摘できる。事実、天保期に刊行された前述の『東都歳事記』巻末には、附録として江戸三十三所観音参・山の手三十三所観音参・江戸六地蔵参・弁財天百社参などの霊場めぐりコースが合計二六も掲載されている。このことは、江戸において文化文政期までに複数の参詣コースが確立されていったことを意味しており、千社参りはこの流れに融合した行動文化として江戸社会に根を下ろしていったのである。

千社参りの誕生した時期

ここで千社参りの誕生した時期について考えてみたい。すでに江戸後期の随筆類には関連記事が散見されるが、なかでも文政十三年（一八三〇）の序のある喜多村信節の『嬉遊笑覧』では、次のように記している。

千社参は〔割註〕「明和七年撰の『江戸名物鑑』にもみえず、安永このかたのことなるべし。」神社のみにあらず仏寺にも詣づるに千社参りといふはいかゞなり、麹五吉とかいへるはその始の頃の者にや、それが札は文字をば書たるにて板にて摺たるにはあらず、これらは其徒の中にて広く知られたる者となむ、唯人にしらるゝを手がらとす、いと益なき戯れなり、又落書してありくものあまたみゆ、これは神仏ある処のみならず、橋にまれ家にまれ石にも木にも墨くろに書ちらすいとうるさし

これによると喜多村は、千社参りという事象は安永以降のものだと類推しており、しかも仲間内で参詣の証に文字を書き記した、落書きと同源のものと捉えている。また「麹五吉」が初期に活躍した人物で、当初札は手書きであったと述べている。「唯人にしらるゝを手がらとす」との記述は、どれだけ多くの寺社を訪れたか、いかに貼りにくい場所や無名の小祠に札を貼ったかを仲間内で競うことが彼らの主目的で

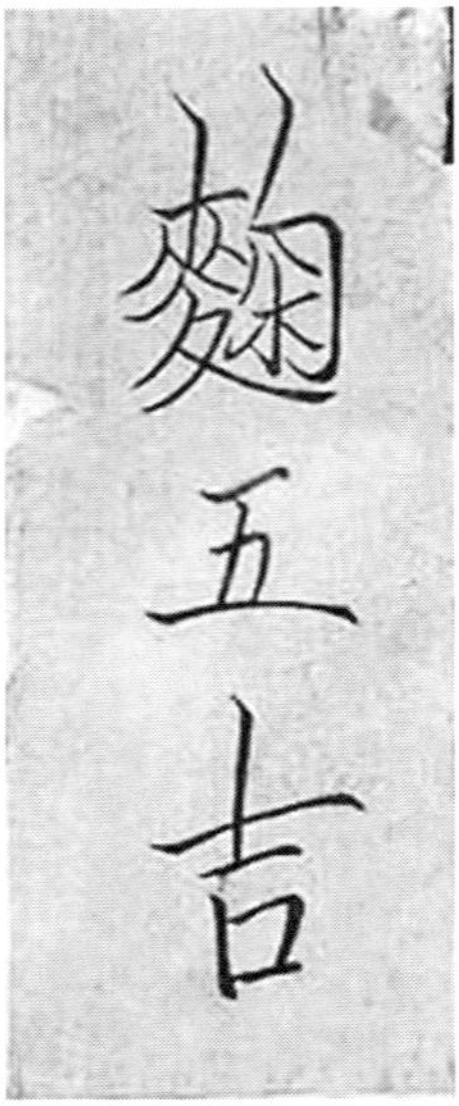

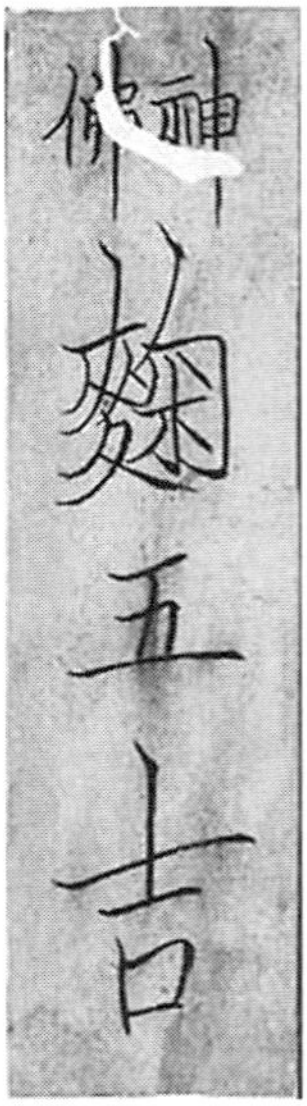

図1▶「麹五吉」の札①　◀「麹五吉」の札②

あるという認識が、すでに文政期の江戸社会においてなされていたことをうかがわせるものである。ここで注目すべきは、この連中が落書きとさして変わらぬ「益なき戯れ」として仲間を形成し、すでに江戸市中で一定の文化的位置を築いていたということである。そして「千社」と称しながら仏寺へも参詣しているところに、すでに「稲荷千社参り」の枠を超えた、江戸庶民の寺社参詣行動の一形態として流行していた実態が指摘できる。

一方千社参りの起こった時期については、喜多村の指摘に反して、すでに明和年間の雑俳に記載がみられることが母袋未知庵氏によって明らかにされている（『古川柳研究』三九号、のち『川柳見世物考』に所収）。すなわち、明和四年（一七六七）の「誹諧木の葉かき」に「千社参りに母は出らるゝ」、同年の「誹諧不断桜初篇」に「千社参の大門に立つ」などとあって、千社参りの起こりは喜多村の説よりもややさかのぼるようである。折りしも宝暦〜天明期は、江戸の出版業が飛躍的に発展をとげ、数多くの文学作品や実用的書物を生み出した時期であった。実際この時期に刊行された黄表紙・滑稽本などの挿絵にもしばしば千社札がみられるようである。そこで次にこの時期の挿絵に描かれたものを検討してみたい。

挿絵に描かれた初期千社札

まず最初に登場するものとして、明和五年に刊行された北尾重政作『絵本吾妻花』（図2）が挙げられる。浅草観音堂の柱に「千社……」と書かれた札など、計六枚の千社札の挿し絵がある。ここからも千社札は明和五年以前には流行していたことがみてとれる。次に挙げるのは朋誠堂喜三二作、北尾政演画『廓花扇観世水』（安永八年刊、図3）である。浅草寺境内を描いた挿絵がたくさんあるなか、五丁目挿絵中のお堂の柱や壁に六枚貼ってあり、これは判読できるほどの大きさではない。また、十一丁目の堂の柱に「千社参□」と札が一枚貼ってある。

寛政期の山東京伝の著作にも千社札を描いた挿絵がみられる。寛政四年（一七九二）刊行の『女将門七人化粧』（図4）には、王子稲荷社の挿絵中に「千社」と読める札を含めて四枚がみえる。また『花之笑七福神参詣』（同五年刊。同前書所収）の毘沙門天を描いた挿絵中にも札が四枚みえるが、残念ながらこれは判読不能である。さらに『両頭筆善悪日記』（同十一年刊、図5）では、浅草寺境内らしき光景（提

図２　『絵本吾妻花』挿絵

図３　『廓花扇観世水』挿絵

図４　『女将門七人化粧』挿絵

図５　『両頭筆善悪日記』挿絵

灯に「久米平兵衛」とある）が描かれるなかに「田□五吉」「神社千□□」を含めた六枚の札が貼ってある。

挿絵にはっきりと題名が記されるようになるのは文化頃からのようで、『落語　水の月』（文化五年刊）の挿絵中には人家の板塀に「千社□仏麻布（印）」「八官平」「田中政」「芝中」という札の記載がみえる。後述のように「八官平」「田中政」は当時活動家として名の知られた人物であり、この頃には彼らの活動が世間に広く知られるようになっていたことを示している。

これらの挿絵が描かれている舞台は稲荷や浅草寺境内、七福神などである。稲荷は稲荷千社参りに連なり、浅草寺は周知のごとく江戸庶民の信仰と娯楽のメッカであり、境内の無数の小祠は江戸庶民の多様な現世利益の願望を迎え入れると同時に、坂東三十三ヶ所霊場の第十三番目の札所でもある。また七福神は六阿弥陀・五不動などと同様に巡拝コースとして御府内およびその周辺に設定され、庶民の現世利益に対応していた。こうしたことから、千社札が稲荷や札所といった複数の参詣箇所を巡ることに功徳や現世利益を求めるような、庶民信仰を基礎に生まれた文化現象であるということができよう。このように千社札は、朱印帳や絵馬の奉納と共通する心意のもとに千社参りによってもたらされ、巨大都市江戸の稠密化した社会相の一端を如実に反映したものだったのである。

落書きから「納札」へ

以上のように千社参りは天明～寛政期に隆盛をみるのだが、ついに寛政十一年（一七九九）七月の町触で幕府による取締の対象とされるにいたった。

近頃神社仏閣江千社参と唱、講中抔を極申合参詣致、札を張歩行候もの有之由、神仏を尊信致候迚も、講中抔を立、茶屋抔江寄合、千社参詣之札を為取替、右之内ニは世話人等有之、右講中之者より銭抔取集、手広千社之札ヲ張候ヲ名聞之様ニ心得候者も有之由、宜からぬ事に候、右類之義は無之様、町役人共より堅相制、向後心得違之もの有之ハ、其段早々奉行所江可申立候

右の町触では、講などを組織して神社仏閣に参詣し札を貼り歩く「千社参」の流行を取り上げ、①茶屋などで交換会を開くこと、②世話人を置き、銭すなわち会費を徴収すること、③札を数多くの寺社に貼ることを名誉とする、の三点を取締の軸としている。換言すれば①では交換会の萌芽がみられるわけであり、後述の多色摺の交換札を生み出す母胎がすでにこの段階には備わっていたことがわかる。また②の記述から、世話人を置くなど講に類する活動家の組織が形成され、会費を徴収することで仲間内と仲間外とを明瞭に区別していたようである。そして③は寺社参詣という信仰に起因する行為が、ある種の競争原理を帯びる様式に変質を始めたことを物語っているのである。なお、この年には京橋三十間堀三丁目の長島銀市宅で活動家による寄合が初めて行われている。このときの引札が知られており、出席者を巻末の別表1C欄に掲載している。なお、現在愛好家間では、これが交換会の嚆矢といわれている。

千社参りがこのような諸要素をもちつつ幕府の規制を受けるほどに流行したのには理由があった。結論から先にいえば、寛政二年（一七九〇）の刊行とされる悦翁田定賢編、蘭華子守法刊行の『題名功徳演

説』（国立国会図書館所蔵）において、それまで落書きと同質とみなされていた行為が理論的裏付けを得て、「題名」という花山法皇に始まる札所巡礼の由緒と結びついたことによるのである。

題名ハ至て大なる功徳ある事也。其功徳を知り、謹んで名を表して堂社に貼する時ハ、長なへに堂籠り通夜長参の代りとなりて、信心の誠の仏神に達す。仏神は其誠に感じて随応深し。念仏題目写経頓写ハ、功徳の至なれども、題名は其上に大に勝りて功徳至て深厚也。開運息災富貴長久男女愛敬、子孫繁昌、無病延命、安楽得意、万事必勝仕合せ必ずよし。病難痘難産難疫難水火盗剣犬馬墜損、一切の諸難諸病を免かれ、三世の大福を受く。諸願成就、如意満足、祈り求る所、分に随ひ誠に応じて叶ずと云ことなし。常に隙なく題名を念とし、悪念を生ずべからず。暇日にハ出て題すべし。少しも遠く箇所多きを貴む。怠るべからず。若シ納札を禁ずる方へハ題すべからず。又暇なく出がた時ハ、弥名の如く課業を立て、少しの内も題名〳〵と唱ふべし。随分の霊応あり。題名とハ姓名を題し署する意にて、名牌を貼ることなり。再遊して旧遊を思出す助けもあれば、至て風流の事とす。彼土は古昔よりしてあり、唐の代になりて至て盛んなり。故に韓退之文集にも載たり。此邦ハ唐に倣ふ国なれバ追々盛んになりて、風流功徳の至りとす。既に人皇六十五代花山法皇、初て西国三十三番の観世音を巡り玉ふ時、題名し給ひしより、諸民見習ひて、其霊場の納札となしぬ。されども元一切風流功徳の事にして、観音に限らず、一切に行ふこと上条の如くすべし。納札となりてハ、真の題名衰へたるを、鳩谷天愚公引起されてより、追々世に盛んなり。三世の大福尊むべし。

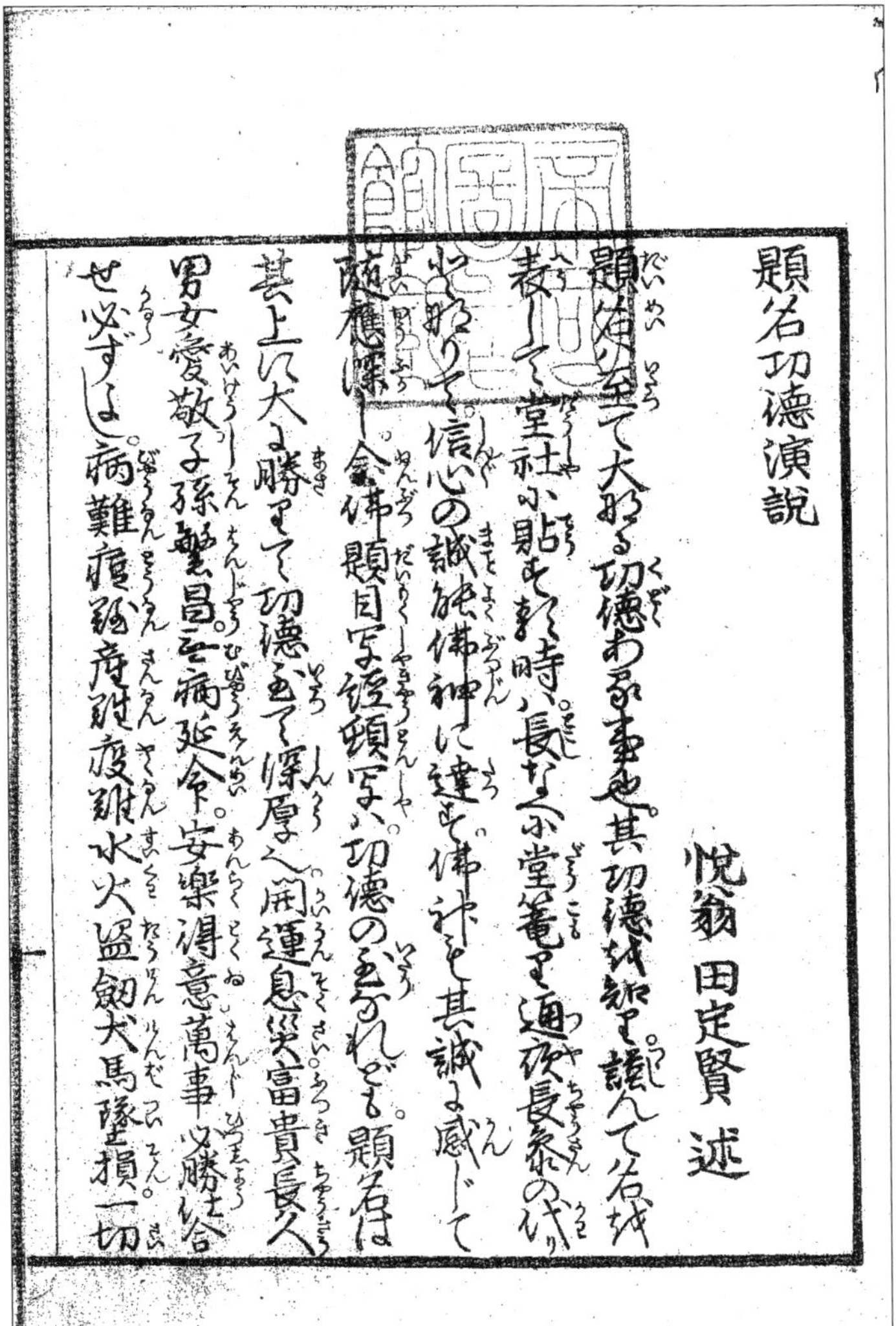
題名功徳演説
悦翁 田定賢 述
題名《だいめい》に至《いたつ》て大なる功徳《くどく》ある事也。其功徳枚挙に譲《ゆづ》りて名状
表して堂社《だうしや》小貼《てう》を執る時ハ長《とし》なく小堂庵《ざうこう》を通夜長条の代り
而して信心《しんじん》の誠《まこと》能《よく》佛神《ぶつじん》に達して佛神も其誠に感じて
随應深し。念佛《ねんぶつ》題目写経《だいもくしやきやう》頌写《じゆしや》ハ功徳の至《いたつ》れども題名は
甚上に大に勝《まさ》りて功徳至《いたつ》て深厚《しんこう》之開運《かいうん》息災《そくさい》。富貴長久《ちやうきう》
男女愛敬《あいけう》子孫《しそん》繁昌《はんじやう》。無病延命《むびやうえんめい》。安楽《あんらく》得意《とくゐ》万事必勝《ひつせう》
せ必ずよし。病難瘡《びやうなん》難産疫《さんえき》水火盗剣犬馬墜損一切

図６　『題名功徳演説』

題名の場所ハ遠近に限らず、身分に随つて力の及ぶたけ巡るべし。巡り終らバ復々廻りて、落たるを補ひ、新造に貼し、損じたるを直し、或ハ重ても貼すべし。牌ハ人々の心任せなれども、大方ハ居所姓名表徳などよし。諸願ハ心に念じて通ずることなれバ、書記すに及ず。巡り直す度毎に初巡、再巡、二登三趨、抔と彫入るもよし。牌ハ黒札石摺能ク見へ、且損じ兼てよし。何れも好ミ次第なること也。

ここに掲げた史料は『題名功徳演説』の冒頭の一部で、「庚戌之春」、すなわち寛政二年（一七九〇）の序がある。ちなみにこの国会本について触れておくと、同書奥書には「右一巻応需筆写　東武台下　高伴寛思明」とあって、これに続けて「伴寛」「思明」の印が押してあり、さらに「彫工　朝倉梓屑」とある。この書込中にみえる「高伴寛思明」とは誰なのか。調べると『農家調宝記』などの著作で知られる高井蘭山のことだとわかる。すなわち、彼は通称文左衛門、名を伴寛といい、字を思明とする読本作者であった。澤登寛聡氏の分析によれば、彼は宝暦十二年（一七六二）に生まれ、天保九年（一八三八）に七十七歳で没している。そして芝伊皿子の組屋敷に住む幕府与力（大番与力）高井鉄之助の父であり、自身も与力であるか、または旗本の用人という説もあり、後世の戯作者の評価とは異なって、当時は雑学者として認識されていたのだという。事実、彼の著作（校訂書・編書などを含む）は啓蒙書・医学・芸術・兵法・暦・寺社参詣と多岐にわたっている。なかでも寺社参詣については、寛政六年の『上州妙義詣』・『矢口詣』など作品数が多いことが特徴である。

また「応需筆写」とは、依頼によって筆写したことを表すが、当時彼のような戯作者も、知人などを通して依頼を受け何らかの書を筆写することもあったのであろう。おそらく、収入の不安定な文筆業には、このような副収入を得る機会も当然ついてまわったと考えられるが、そこに筆写という行為を通した交友範囲をうかがうことも可能である。もしこの『題名功徳演説』が何者かの依頼に応じて彼が筆写したものだとすると、彼の雑学者としての多彩な活動のうちに納札界との交流を位置づけることができ、同時に著作を通して彼が江戸庶民の寺社参詣にかかわり、千社札の普及に少なからず貢献していたことが明らかとなってくる。

ここで同書のなかで注目したいのは、①札に記載する文言、②「題名」の功徳、③「天愚孔平」の中興、④題名の場所の四点である。以下この四点を分析してみよう。

まず①について。「題名とハ姓名を題し署する意にて、名牌を貼ることなり」と述べて、居所・姓名を札に書き記した名札状のものを貼る行為が「題名」であるとしている。そして「諸願ハ心に念じて通ずることなれバ、書記すに及ず」とあるように、わざわざ願意を書く必要はないとして、「題名」という行為のみに現世利益の意を集約させていることがわかる。

次に②であるが、札を貼ることがお堂に籠って夜通しお参りするのと同様の功徳があるとし、さらには念仏・題目を唱えたり写経をするよりも功徳が勝っていると力説している。願意や居住地・姓名を明確に記載し、苦行をともなうなど一定度の手続きを必要とする巡礼納札を簡略化したことに意義を見出せる一方で、とかく落書きとみなされかねない行為を納札に位置付ける正当化の真髄がここにあるともいえよう。

また③に挙げたように、この書では「天愚孔平」を納札を再興した人物と捉え、貼り札を世に知らしめた功績を彼に求めている。そして④として指摘できるのは、少しでも遠いところへ貼り、数多くの寺社に貼ることを推奨している点である。これによって彼らの活動の志向するところは、現世利益の参詣行動を「質」より「量」に求めるものであったことがわかる。すなわち、これが前述の競争原理の母胎となる論理で、無数の稲荷やミニチュア巡礼コースが増加をみせる十八世紀末から十九世紀にかけての江戸の社会環境に適合するものと理解できよう。

このように、千社札は寛政期の『題名功徳演説』による行動の論理化・正当化が行われたことを受けて活動家の組織化がなされていき、信仰を「量」に求める娯楽要素の顕著な参詣活動へと変質を遂げていくのである。時代はあたかも絵暦交換会に端を発する錦絵の流行や、「江戸ッ子」という江戸根生いの住民による行動様式の誕生がみられて間もない頃であり、これらの各要素が融合する幕末の納札・千社札文化は、すでにこの頃その萌芽が用意されていたと考えられるのである。

二　納札活動の展開

江戸市中で千社札を貼っていたのはどのような者なのか。この節では千社参りに興じた天明〜文化文政期の貼り札中心の活動家について、現存する札や史料をもとに分析を試みたいと思う。

居住地域と職業

千社札に記された文字のなかには、題名とともに断片的ながら居住地や職業の情報が盛り込まれていることが多い。また前述の『題名功徳演説』の巻末には、「衆牌次第」として当時の主要な活動家の一覧が掲載されている。さらに安政五年（一八五八）刊行の『神社仏閣納札起原』（国立国会図書館所蔵）にも「古人衆牌題名縮写」として、幕末期にあって「古人」としてすでに亡くなった高名な活動家を載せている。

この他にも前述のように寛政十一年四月五日に三十間堀長島銀市宅にて「千社参り寄合」を開催した際の引札が存在し、これには参加者が記載されている。また文化八年（一八一一）に「花亭我酔」が著した黄表紙『花の上野晦日の薄暮』には後述のように両大師遷座に集う活動家の会話が描写されている。一方、国立国会図書館には「千社集メ札」が所蔵されている。これは千社札を収集した好事家が、幕末頃にそれらを貼込帖に仕立てたものと思われ、全三十四丁にわたって大小さまざまな札が貼り込まれている。そしてこれらの札の大きな特徴は、大半が墨一色摺の貼り札ということであろう。

巻末に掲げる別表1は、以上の史料から得られる活動家の情報に若干の他史料を加えて作成したものである。これによって今まで判然としなかった近世後期における千社札の活動家に関して、貼り札を中心に居住地や職業などある程度の実態をうかがい知ることができる（ただし、題名からの推定によるものが多く、史料の性格上誤認のものを含む可能性があり、確かな裏付けまではなかなか得られないことを断っておきたい)。

これをみるとわかるように、A「衆牌次第」とB「古人衆牌題名縮写」とを比較していくと、ほとんど同一の人物が掲載されている。したがって『神社仏閣納札起原』が『題名功徳演説』を底本として編集されたことが明らかであるが、注目したいのは、A・Bに掲載されている活動家と、Cの会触やDの『花の上野晦日の薄暮』に登場する面々とでは、いずれも天明~化政期を対象としつつも、かなりの異同がみられることである。この異同の実態からは、活動家がきわめて流動的であったことが想定できる。これはまだ推測の域を出るものではないのだが、前者A・Bには納札界全体で著名な活動家を掲載したのであって、C・Dにはその内容から考えて、活動家のなかで形成されはじめた中小規模の活動家グループ内のメンバーを中心に掲載しているとはいえないだろうか。A~Dすべてに登場する活動家が「桜銭喜」「麹五吉」「青渡源」「深川船若五」「源加二」「てんかう」「守法拜」の七人のみであり、またわずか一〇年余の隔りしかないにもかかわらず、さらにCの寄合出席者とDの戯作の登場人物とでかなりの異同が確認できるのは、活動家の入れ替わりが頻繁に行われていた実態を伝えているとともに、C・D双方が異なる集団であったことを示唆しているのである。

ところで千社札の題名には、前述のように居住地名と名前を題材にしたものが多い。なかには職業をうかがわせるものもあり、巻末の別表1では題名をもとに天明~化政期の活動家の居住地・職業の分析を、可能な範囲内で試みた。あくまで題名からの推測であるために制約は多く、実態とは異なる部分もないと

図７　「衆牌次第」（『題名功徳演説』）

は言い難いが、全体の傾向を把握する上では有用と思われる。なお、表1は別表1をもとに居住地域・職業の分布をそれぞれまとめたものである。以下これをもとに考察していきたい。

まず居住地の主な傾向としては、麹町・四ツ谷・市ヶ谷地域、青山・赤坂・麻布地域、神田地域、日本橋・茅場町・銀座地域、浅草地域に多く分布しているのがわかる。麹町・四ツ谷・市ヶ谷地域および青山・赤坂・麻布地域は、御府内の西南域にあたり、浅草は東北域にあたる。ともに御府内からみれば「場末」寄りの地域である。

このなかで特徴的なのは、麹町である。麹町は半蔵御門を出て四ツ谷御門にいたる間に一〜十丁目が、四ツ谷御門外に十〜十三丁目が位置しているが、麹町十二丁目に住んでいたといわれる「てんかう」、麹町五丁目に住む「麹五吉」、同十一丁目の「麹十一建松」、さらには麹町平河天神門前の出生といわれる「天愚孔平」など、千社札の創出にかかわったと思われる者を多く輩出している地域なのである。千社札誕生当初、麹町に一つの活動拠点があった可能性が指摘できる。

一方、神田地域や日本橋・茅場町・銀座地域にも多くの活動家が居住していたようである。神田は鍛冶町・塗師町《ぬしちょう》などの町名からもわかるように、当初同職ごとに職人の集住する町であった。加藤貴氏は、貞享四年（一六八七）刊行の『江戸鹿子』の分析から、すでに十七世紀末の段階で職人・商人の大半が日本橋・京橋地域に集中していることを指摘し、同職集住の職人町から職人が転出していった先がこの地域ではなかったかと推測している。そして氏は神田や芝がこれに接続する地域として発展したことを述べ、

表1　活動家の居住地域と職業

地域区分	主な該当地名	件数
飯田町	飯田町、元飯田町中坂	2
小石川・本郷	小石川、東小石川、春日町	6
牛　込	牛込、牛込改代町	3
麹町・四谷・市ヶ谷	麹町、四谷、市ヶ谷、鮫河橋、鮫河橋南町	10
青山・赤坂・麻布	青山、赤坂御門内、赤坂新町、麻布、元麻布、笄橋	19
神　田	神田、神田お玉ヶ池、昌平橋、久右衛門町一丁目、橋本町	10
日本橋・京橋	新材木町、小田原町、茅場町、霊岸島、京橋三十間堀、銀座、尾張町、八官町、日比谷町、新橋	16
芝	芝、三田、魚藍下	4
品　川	品川	2
下谷・上野	下谷	1
浅草	浅草、東浅草、浅草寺地中日音院内、山谷、吉原京町	24
本所	柳島	1
深川	深川、深川御船蔵前町	5
その他	鳩ヶ谷、武蔵国小渕村	7
職業分類	**主な該当職業**	**件数**
武　家	武家	6
土木・建築関係	屋根職、瓦師、穴蔵屋、鳶、井戸屋、木挽	10
浮世絵関係		0
一般職人	釣竿製作、槍製作、石工、桶屋、畳屋、印判師、雛人形師、三味線屋	10
商　人	魚屋、八百屋、煙管屋	4
その他	僧侶、名主・宿役人、戯作者	3

神田地域の職人・商人は、より市民の日常生活に密着した物資を供給していたと分析している（『新編　千代田区史』通史編）。これに浅草地域や芝地域を併せて考えると、天明〜化政期の活動家は、古くから職人・商人の多く集まる地域に集中して分布していたことがわかる。また鳩ヶ谷の者が数名みられるが、彼らは後述の小谷三志に関連する面々で、三志と行動をともにしていた者たちと思われる。

次に活動家の職業についてみてみよう。表1をみると、屋根屋・鳶などの土木・建築関係や、桶屋・石工など庶民の日常生活に密着した一般の職人層が圧倒的に多いことに気づく。そしてこうしたなかに僧や武士がままみられるようである。このことから、活動家は土木・建築関係を含む中小の職人層を中心に構成されているのがうかがえ、僧や武士・戯作者など一定の知識をもつ者たちが彼らのまとめ役として機能するという、当時の納札界の構造が浮かび上がってくる。奇行で知られる江戸詰藩士の「天愚孔平」や、赤坂の僧といわれる「赤円子」などの存在、『花の上野晦日の薄暮』を著した戯作者「花亭我酔」は、この時期の納札界にとってまさに頭脳の役割をはたしたのである。

『花の上野晦日の薄暮』の世界

『花の上野晦日の薄暮』は、両大師遷座に集う納札活動家の間での会話のやりとりを題材に、黄表紙に仕立てたものである。両大師遷座とは、上野寛永寺の両大師（慈恵大師良源・慈眼大師天海）像が塔頭三十六坊を毎月晦日ごとに順に遷座するというもので、当日はこれを迎えるために集まった参詣者でごったがえすことで有名であった。そしてこの群集に混じって江戸の活動家が集結する場でもあった。両大師遷座と千社札とのかかわりは、『続飛鳥川』の記述に端的に示されている。ここではまず、「文政の初の頃、千社参流行、張札の会有り」として文政初年に千社参りが流行し、会合がもたれるようになったことを伝えている。そして「千社参の札、毎月大師の日に取かわせする」と述べて、この頃毎月晦日の両大師遷座の日に札を交換し合う慣習があったとしているのである。『花の上野晦日の薄暮』はまさにこのような世相を反映して著述されたものであり、ここに彼らの活動内容の一端をうかがい知ることができる。そこで会話の内容からこの時期の千社札に関する主な記述を巻末の別表2にまとめてみた。以下この記述をもとに、あくまで戯作であることを承知した上で①〜⑥の六点に絞って分析を試みることとする。

①開帳場

会話中には本所牛御前の居開帳や、深川八幡で行われた戸隠山の出開帳の話題が取り上げられている。そこで幕府の開帳許可記録である「開帳差許帳」（国立国会図書館所蔵）を実際に調べてみると、本所牛御前は同所で文化八年（一八一一）三月二十八日から、深川八幡では戸隠山の開帳を同年三月十六日から各六〇日間許可されている。ここで会話として交わされている「赤円子が戸隠山の開帳初日に行ったらまだ誰も貼っていなかった」とか、「霊宝場だから貼った札はすぐにわかる」という部分は、彼らが仲間が集う開帳の場を活動の一拠点に据えていることを示している。自分の札を開帳場となる寺社に貼ることによって、自らの存在を仲間内に主張していると考えられ、いきおいそれは競争意識を多分に含むものとなっていたのである。

②両大師遷座

前述のように両大師遷座は、活動家が集う格好の機会であったが、ここでは主に札の交換と仲間の活動状況の報告、および情報交換の場として機能していたことがわかる。札は自作の札以外にも他人の札を交換することがしばしばあったようで、「てんかう」の札なども交換に供されている。

この両大師遷座は、毎月参詣する「源加一」「瓦嘉」以外にも「青渡源」らも常連で、「源加一」は「最近は両大師遷座に出てこない者が多い」とはいうものの、当時活躍していた面々の集合する場であったのだろう。また、ここでの札の交換は、幕末に盛況となる交換札を生み出す土壌ともなり、事実、「「宗山人」はよく古い札を集めているようだ」という話題が飛び交っているように、すでに活動家間では札の交換・収集も活発に行われていたのである。

③札について

彼らが使用している札についてみてみると、書き札・石摺の札が多いようである。また数多く貼ることを意識してか、版木で摺っている場合もみられる。そして木札も貼ることがあった。札の形状はやはり縦長の長方形が主流であったと思われるが、なかには横長の「横札」も貼られている。そして「大札」「丸い札」「提灯の札」「舛の札」とさまざまな大きさや形の札がみられ、この時期にはまだ札の形状や規格に統一性がみられず、各人が思い思いの札を作成していたことがわかる。その一方で、「三味せんの撥の付たの」であるとか、「駒の札」という表現が登場している。この記述だけでは実際の図柄は知るべくもないが、ここにデザイン性の萌芽がみられることに注目しておきたい。

またすでにこの頃、仲間数人の題名を連ねた札（ここでは「雑札」といっている。「もやい札」もこれに該当するか）を作成している。これは「「麹五吉」や「対面（取持）」でもしない」と述べて、人にあげるものではないという。なお、会話中には各活動家が札を自分で摺っている表現がしばしばみられることから、幕末期以降にみられる浮世絵師や彫師・摺師などの共同作業を経て作られるスタイルとは異なり、この時点ではまだ簡素な札が摺られていたと推測されるのである。

④札の貼り方

登場人物の会話のなかには、しばしば札の貼り方が問題となっている場面がみられる。「源加一」は「よくないことだが」と断りつつも、皆が額や御幣にまで札を貼っている実態を述べ、「青渡源」は「貼るところがないとつい他人の札の上に「張りかけ」をしてしまう」と本音を吐露している。このように、札を貼る箇所にある程度のルールが存在しているのであり、同時にこうした「ルール違反」に駆られるほど、納札活動は活発化していたといえよう。また、死んだ仲間の菩提を弔う意を込めて仲間が「菩提札」というものを貼る慣習もあったようである。

千社札は「振り出し竿」という、釣竿の先に刷毛（「夫婦《めおと》刷毛」という）を付けた振出し式の道具を使用するのだが、これは「杖だけにして三間」（約五・四五ｍ）が使用されている。そして制作は「魚釣」という釣りに馴染みの深い題名をもつ仲間に依頼している。それと同時に刷毛は別に製作者がいたようで、道具の製作を仲間内で分業化している様子がわかる。ちなみに『神社仏閣納札起原』の挿絵をみると、はじめは手書きの札を手の届くところに貼ったり、なかには直接落書きをすることもあったようだが、その後文化文政期以降になると振り出し竿などを使って手の届かない高いところに貼るようになり、なかには「投げ貼り」なども行われたようである。

⑤貼り札活動

彼らが出かける場所として会話中に登場した場所を挙げると、開帳場の周辺・六阿弥陀・渋谷～池上～大井～品川・大和めぐり・大山から富士・江の島・九品仏・牛天神（末社）・茅場町薬師・神明前・千住・大師河原・府中などであり、日帰り可能なものから数日を要する旅行に及ぶものまでさまざまである。なかでも「赤円子」は「渋谷の方・池上の方へまわって品川へ出ようと思って大井から雨になって品川まででずぶ濡れになりながら歩き、「富八」のところで傘を借りてようやく家まで帰った」とあって、ここでも彼らの貼り札活動がこのような精力的な参詣行動を基盤に展開していたことをうかがわせるものとなっている。また「大師河原くらいたくさん貼ってあるところは細かく貼れない」「大師河原は一泊しないと細かく貼って歩けない」とあるように、なかには境内の小祠ごとに貼ってまわるには日帰りでは不可能な人気の場所もあったようである。

貼り札の旅は気のよく合った仲間と四・五人連れで行くのが理想的なスタイルとされていたようだが、「春と秋の彼岸に西方と六阿弥陀をまわるついでに少し貼る程度」であるとか、「自分の近所ばかり貼る」というのは彼らにとってけっして望ましいものではなく、「出かけたからには一〇町や二〇町の寄り道はする」のが常であり、「六・七年前に活躍した仲間はよく歩いた」ようである。

では、彼らが貼った札はその後どうなっていくのだろうか。これに関して興味深い「日比鉄」の言葉がある。彼は「五・六年も経てば貼った札は一枚も残っていないものだ」と述べて、貼り札の寿命が短い実

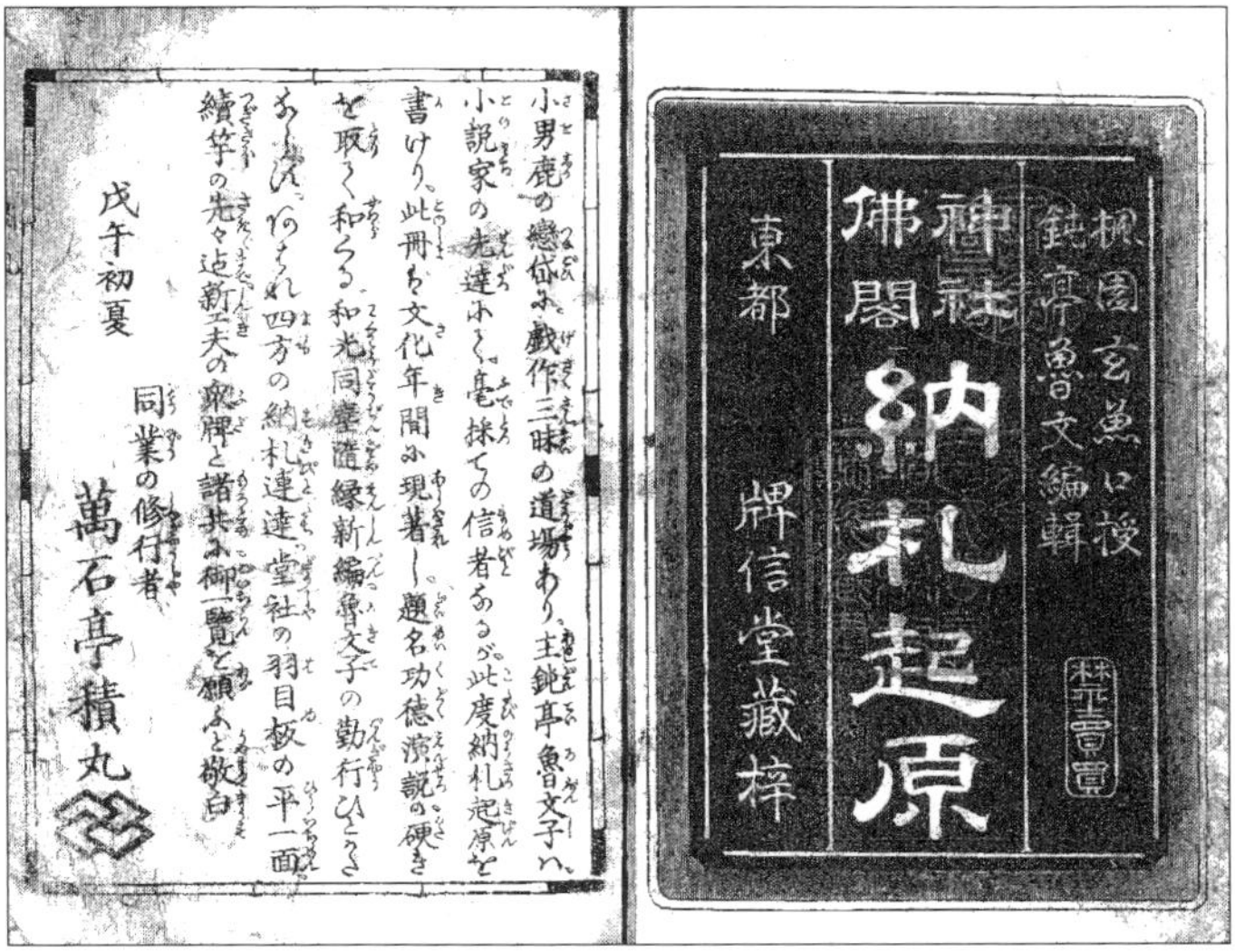
楓園玄魚口授
鈍亭魯文編輯
神社佛閣
納札起原
東都　牌信堂蔵梓

小男鹿の戀岱に戯作三昧の道場あり。主鈍亭魯文子は
小説家の先達にて毫採ての信者なるが此度納札起原を
書けり。此冊は文化年間に現著し題名功徳演説の硬き
を取りて和らぐる和光同塵結縁新編魯文子の勤行ひとつ
あらんにはそれ四方の納札連達堂社の羽目板の平一面
續竿の先々近新工夫の千社牌と諸共に御一覧を願ふと敬白
戊午初夏
同業の修行者
萬石亭積丸

図８　『神社仏閣納札起原』見返し・序文

態を示している（他にも「一大熊」のいう「とんだ古い札」とは、六・七年前に「桃花漁父」「田中政」「山人専」と歩いた頃のものだ」とする「かしく庵」の言もある）。また、古札のなかでも、「守法拝」「秡経拝」「てんかう」の札はどこにあってもすぐわかるとして、彼らのなかではこの三人が特に一目を置かれる存在であったことがわかる。

　また近代では、千社札の活動家が寺社に額を奉納することがしばしば行われているが、右の会話中にあるように、この頃にあっても、すでに江ノ島の弁天堂や茅場町の薬師堂に札額が掲げられていたことを指摘しておきたい。

⑥「若五」「花大俊」について

「若五」については第二章の「鳩三思」のところでも述べるが、「いもすら」が「若五」にもし今年富士へ行くなら「おふせぎ」を買ってきてくれるようにと依頼している部分が注目される。彼はしばしば富士に参詣していることが仲間内に知られているのであり、彼は小谷三志と親交をもっていたことを考えると、富士講に属する活動家としての姿が想像できるだろう。

彼の旺盛な活動内容はかなり有名であったようで、「魚かん」が「「若五」は方々歩く。この間も府中に行ったら一番多く貼ってあった。「若五」の札が貼ってないところはないだろう」と述べているほどである。事実、「若五」本人が「今年はまだ遠くには一度も行っていない」といいつつも、「去年の秋までは暇さえあれば貼りに出かけた」と語っているのである。

一方、「花大俊」については土屋侯保氏の分析が知られている。氏は「この花大俊に対しては源加一がへり下り、花房の隠居と呼ばれる花大俊は、先輩或いは年長者として会話文を交えている」と述べて、「早い時期の千社札の実践家」との見解を示している（『江戸の奇人　天愚孔平』）。やや想像をたくましくすれば、後述のように下級旗本出身ということが明らかとなった「源加一」が「花房の隠居」と敬う様子から、彼は武家の出身であり、『寛政重修諸家譜』に八家掲載されている旗本花房家のうち、いずれかの隠居であったとする推測もできよう（同書には、六、二二〇〇石の花房職陽家を筆頭に、中上級の旗本がみえる）。彼は別表1A・Bにその名がみえないものの、『古今雑談思出草紙』に「わきて其張札高名なりしは、天狗孔平、市ヶ谷長政、花大俊、麹五吉などといふものどもの札は、神社仏かく諸堂に洩ず張置しなり」とあって、高名な活動家の一人に挙げられているばかりでなく、Cに挙げた寛政十一年の交換会名簿にも名を連ね、小谷三志との交流もうかがえる存在で、「千社集メ札」には「花大俊天明」の収集者注があることを考えれば、土屋氏のいうように、「花大俊」は当時納札界で敬意を払われるほどの先駆者の一人であったと考えるのが妥当だろう。彼が両大師遷座の場を離れると、「奈良亀」が「たいふう（台風）だの」と述べているあたりに、彼が両大師遷座の寄合に登場すると仲間内にある程度の緊張感がもたらされる実態を読み取ることができるのである。

文化八年頃の納札界

以上の検討から、この戯作の制作年代とされる文化八年（一八一一）段階の納札界を概観すると、活動家間に世代交代の様相が随所にみられることに気づく。寛政初年に『題名功徳演説』で千社参りにともなう落書きという逸脱行為を、納札に結び付けて独自の行動論理を確立してから約一〇年を経た頃には、活動家の一人長島銀市宅で納札界初の交換会が開催され、その直後に活動を町触で禁止されるなど、題名納札のみならず交換納札までもがしきりに行われるようになる。そしてそれからさらに一〇年を経た文化八年頃の納札界

図９　「花大俊」の札

には、かつて千社札創出に活躍した面々、すなわち「天愚孔平」「麹五吉」「てんかう」「対面取持」「田中政」らは納札界の先人として会話中に登場するばかりである。それに加えて、この会話中の中心的人物である「源加一」自身も「六・七年前に活躍していた連中は皆よく歩いた。「富八」「奈良亀」もよく歩いた。しかし、最近は自分の近所ばかり貼るようだ」と語っているように、活動範囲を縮小する傾向にあることがわかる。そしてこの頃には札も多彩なものが登場している。彼らは札の制作のみならず、振り出し竿や竿先の刷毛まで自作ないしは仲間内で融通しあって活動していたのである。また両大師遷座という毎月一回の定期的な寄合の場や、御府内の各所で興行されている開帳場を軸に、札の交換や情報の相互提供を行って親睦をはかり、札の出来ばえを評し合うといった、のちの「連」活動を生み出す前提をつくりあげていった。そして題名納札の方もこの頃は数年で札が残らなくなるほどの短期循環型の活発な活動をみせ、札の貼り方や貼った箇所、参詣した寺社などを競うものへと発展していくのである。「張りかけ」という問題の勃発は、納札に位置付けられた一連の活動が、こうした多彩な競争の原理に無理なく包摂されていく過程の一コマともいえる。

この時期に中心となって活躍した面々に特徴的に表れているのは、千社札の世界にとどまらず、他の文化社会との交流をもっていた点である。彼らは江戸の文化社会にネットワークをもちながら、独自の趣味的世界を形成しつつあったのである。そのためには千社札を単なる「落書き」行為にとどめておくのではなく、『題名功徳演説』により独自の理論付けを行うことで、これを「納札」に昇華させて行為の正当化を図るとともに、「題名」という仲間内だけで通用する名を用いることによって、世俗の社会関係とは異なる独自の文化コミュニティーを構想するものであった。そしてそのためには、「天愚孔平」や「源加一」「花大俊」のような武士、それに若き日の小谷三志といった「頭脳」となりうる知識人層が必要となり、彼らが一定の役割を果たしたと考えられるのである。

三　題名納札の社会的評価と多色摺交換札の登場

前項では千社参りの貼り札行為が有識者の理論的裏付けを得て、行動文化を一歩深化させる独自の行動様式・世界観を形成する過程をみてきた。彼らは前述のような枠組みに支えられて、文化・文政期にはますます活発な活動をみせていった。この節では、仲間外の者の目に映った彼らの活動を分析することによって、納札活動および納札界を相対的に位置づけ、さらに天保期以降の質的変化の意義を考えてみたいと思う。

寺社の千社札観

前述のように千社札は、これまで庶民信仰について説かれてきた特定寺社の現世利益効果や、行動文化論の取り上げてきた延気・レクリエーションを軸にした寺社との関係ではなく、より多くの寺社に参詣するという、競争原理のなかに位置付けられていった。要するに、仲間内での通称である「題名」というものを媒介に、貼る場所や貼った札の数、さらには札の出来ばえを競い、寺社参詣を延気や信仰といったものから競争原理の中に引き込んでいくのである。

信者獲得や寺社財政の安定化を図って時流に乗じた寺社からの働きかけが行動文化論でも指摘されるところだが、参詣者の少ない場所をも対象とする貼り札は、寺社の建造物の保存上や景観上忌避されることも多く、千社札を寺社の本堂その他に貼るという行為は、活動家と寺社側との良好な関係の上においてのみ成立するのである。つまり初午の千社参りや札所めぐりのような、寺社側が札を貼られることを念頭に置いた場合はともかく、千社参りの隆盛にともない、さまざまな寺社や小祠に貼られるようになると、そこには当然のことながら札を貼られることを好まない寺社も現れてくるのである。

小日向水道端廓然寺の隠居、十方庵敬順は、同じ寺社側に身を置く者でありながら、文化末年に武州荏原郡羽根田村の弁才天を訪ねた際に、この弁才天は「ゐのしま同作とかや、然れども更に参詣なく、予が如き好事の佗人又は千社参りとやらん、適来りて札を張り、黙礼しつゝ急ぎ帰るもありて、人の集ひ来らざるは、土地の不幸といふべし」(『遊歴雑記』初編)と述べて、千社参りの活動家が参詣者の稀な寺社にも急いで貼り札をしている様子を紹介するとともに、黙礼の実態が指摘されているように、その行動様式には神仏に一定の礼節を守るという、ある程度以上の信仰心が存在することを伝えている。彼はこの光景を目の当たりにして、自らを「好事の佗人」としながらも、千札参りの活動家に一種の共鳴感を覚えたことは確かであろう。当時の代表的な活動家に赤坂の僧といわれる「赤円子」がいることを考えれば、僧侶ですらこうした貼り札行為に抵抗感を感じている様子はみられない。江戸は周知のように火災都市であり、都市としての歴史は比較的浅く、上方などに比べて江戸社会には伝統的な建造物の保護という意識の希薄な点が納札活動の背景にあったことは想像に難くない。

だがその一方で、文政五年（一八二二）の川柳には「宮守に　しつ叱られる　千社札」（『誹風柳多留』七四編二一）とあり、貼られる側に拒絶されることも少なくなかった。すでに寛政二年（一七九〇）の『題名功徳演説』に「若シ納札を禁ずる方へハ題すべからず」とあって、彼らの活動に寛容な寺社と批判的な寺社とが併存していた実態をうかがわせている。

幕末の両者の関係を如実に示しているのは、「符帳付し事むかしより有しを、今安政五午年改ル」として、安政五年（一八五八）に「サ長」によってこれまで行われていた活動家による貼り札の際の符帳付けが統一されたことであろう。『納札大史』には、彼が定めたとされるものが掲載されている。これによると、符帳とともに名称と意味が簡略に記されており、表2に記した。札を貼る行為をめぐっては、ときに寺社側と緊張感あるやりとりが展開されていたことがわかる。おそらく幕末の活動家は、このような寺社の目を気にしながら、仲間内で符帳を用いて活動するというのが常であったのだろう。また、彼はここで冒頭に「札納のともがら心得の事」として「楽書と申て墨筆ニ而書ちらしはいかかい致事かたく無用」とわざわざ記している。手貼り・投げ貼りなどの符帳もあることを思えば、これによって安政期に活動家内部

表2　符帳一覧

符帳名称	意　　味
日本橋	振出し棹
両国	長棹
中橋	手ばり・なげ張
楽書	弘法サマ
箱入娘	新しき堂宮
三味せん	随一のはり場所
坊主	堂宮に坊さまの居事
囲イ者	娘に旦那か居也、少しやかましきところ
安囲イ	をしを強く張るべし
芸者	張ってもへがす所也
しうと	極やかましき所
おてんば	娘と言札付なり
こわいろ	坊サマニ言わけ事なり
連てにげる	のりを付てはらずに行事

註：『納札大史』より作成。

でのルールが改めて問われてきたことがうかがえる。

斎藤月岑の千社札観

それでは、町人層は彼らをどのように捉えていたのだろうか。ここでは次に斎藤月岑の視線から彼ら活動家をみていく。

周知のように斎藤月岑は江戸の古町名主として神田雉子町など六ケ町の町政を預かる人物で、『江戸名所図会』『東都歳事記』『武江年表』『声曲類纂』など多くの著作を残した文化人である。彼には行政の末端に位置する上層町人としての側面と、「江戸ッ子」に代表される江戸根生いの住民の代弁者としての側面とがあった。『武江年表』文化十四年（一八一七）の項において、彼は「天愚孔平」の死去を次の如く記している。

四月朔日、萩野鳩谷翁卒す（鳩谷翁、名は信敏、天愚孔平と号す。俗称喜内と云ふ。雲州侯の史臣也。行年百一歳。下谷泰宗寺に葬す。神仏千社参りと号して札を張るに、継竿のうらへ刷毛を付きて、数十丈の高楼の屋根うらといへども安くはる工夫、此の人より始まれり。此の事寛政の頃より始まり、天保の頃に至りても弥盛にして、党を結び群をなし、壮麗たる堂社といへども憚る事なくこの札を貼す。甚だしきにいたりては矢立の筆をもて大筆に書き付けしも有りしが、天保よりこれを禁ぜられたり）。

ここでは振り出し竿を使用した納札界独特の方法を「天愚孔平」が始めたとし、その淵源を寛政頃に求めている。彼の記述によれば、貼り札は天保期に隆盛をきわめたが、まもなく禁令にあったという。壮麗な堂社にも憚ることなく札を貼り、なかには矢立で直に書き付ける者もあると述べているあたりに、活動家の行き過ぎた行為として冷静に傍観している姿勢がうかがえる。

月岑のこのような態度は前述のように『東都歳事記』で「千社参りと号して、稲荷千社へ詣るもの、小き紙に己が名所を記したる札をはりてしるしとす。此族殊に多し。何れも中人以下の態なり」と述べていることからもうかがえる。彼は千社参りというものを、町名主層を中心とする上層町人の文化社会とは異なる中下層民特有の社会現象と捉えていたのである。『武江年表』の「提要」に「此の編に載る所は、中人以下の耳目に触るるところにして」とあることからもわかるように、『江戸名所図会』で紹介した江戸の地誌や由緒、『東都歳事記』で描く年中行事、『武江年表』で書き綴った都市江戸の歴史、これらはすべて江戸の中下層民を対象の中心に据えて描写されていたのである。この「中人以下」の世界については、第五章であらためて検討することとしたい。

月岑はこれらの著作を通して江戸の繁栄を他国の者に誇示していたといわれている（鈴木章生『江戸の名所と都市文化』）が、前述のように自己の帰属する文化社会とは別次元に「中人以下」の文化社会が存在することを認め、『宝暦現来集』で「何事も唯名聞のみ流行て、芸者風又は物知り顔計で、腹に物なき人多かりき」と評されたような、活動家の行きすぎた行動を知った上であえて紹介しているのである。これはすなわち、江戸の中下層民である庶民の信仰に基づく文化社会に千社参りを位置づけ、そこに独自性を見出しているといえよう。

以上のように貼り札を通してみると、千社参りの活動家たちは参詣客を確保しようとする寺社側の意向を超え、知的好奇心に支えられた江戸の上層民とも異なる独自の文化社会として納札界を構築していったのである。月岑の述べているように、そこにはいまだ信仰心が共存しており、娯楽の要素をより顕在化させつつもなお、信仰活動という枠組みに包摂しうるものであったと考えられるのである。

連の登場と幕末遊芸社会

千社札にとって画期となったのは、連の登場した文政・天保期である。『神社仏閣納札起原』に「文政度に至り連札といへるを始む、桜連、一一連、輪法連、巴連、擬宝珠連、虫喰連など唱へて題名の札印を同じふす」と記載されているように、すでに文政初頭には「連」が存在していたといわれ、札に各連の印を付すようになった。そして彼らは歌川派などが活発な活動をみせる当時の錦絵と接触し、その技術を取り入れることによって多色摺の札があらわれ、連を単位とする交換会を中心に、かつて錦絵そのものを生み出した絵暦交換会さながらに意匠を競うものとなっていくのである。

この錦絵の技術の導入は、千社札にさまざまな変化をもたらした。それは大雑把にいえば、次の三点に要約されよう。

①札の大きさの統一

天保年間、浮世絵版画に使用される大奉書をもとに、この十六分の一を「一丁札」として、千社札の寸法を二枚合わせた「二丁札」、四枚合わせた「四丁札」というように、以下「八丁札」「十六丁札」とサイズが規格化されていったのである。

②連を単位として共通する題材を決めて続き物の札を製作する連札が登場

『神社仏閣納札起原』の本文中に「東海道五十三枚続三社廻り等の連札を製し」とあるように、連札は錦絵のシリーズもの同様の展開をみせたが、関岡氏の述べるような図柄の美を競う要素以外に、狂歌・川柳の「ちゃかし」の要素を盛り込んだものや、世相風刺の性格を帯びるものも散見される。

③千社札特有の文字の確立

現在「江戸文字」と呼ばれているもので、梅素亭玄魚の創始とされている。歌舞伎の勘亭流、落語のビラ字、相撲の相撲字とともに、近世後期～幕末にかけて御家流から派生した文字文化が特定の文化社会と結びついて展開した好例である。

なお、連札の登場以後幕末期にかけて交換会が隆盛をきわめていく具体的事例の検証については、すでに関岡氏の豊富な業績がある。ここではこれら一連の千社札の変化によって、これまで取り上げた文化社会がどのように変質していくのかを、関岡氏の著作を土台としながら錦絵技法の導入、および安政大地震後に論点を絞って考えてみたい。

まず錦絵の導入が千社札に何をもたらしたのかを考えてみよう。千社札はこれまでみてきたように、神社仏閣への参詣時に札を貼るという行動文化として表出した現象のひとつである。独自の文化社会として納札界を位置付けたのは、武士を中心とした知識人層で、彼らのもとに一定の秩序をもった同好の集団として成立したのである。しかし関岡氏の述べられているように、これに錦絵の技術が導入されることによって、多くの浮世絵師・彫師・摺師などがこの世界に参入してくるようになり、仲間内の札や道具の製作を一手に引き受け、相互に連携することにより、業態的に浮世絵とつながりの深い職人たちは納札界の中心的存在になっていったのである。元来営利をともなわず、検閲を必要としない仲間内での自費製作である千社札は、彼らにとっては錦絵と表裏一体をなす文化社会として私的に機能したといえるだろう。それゆえに、幕府の出版統制を考慮することなく「いき」を表現した斬新な意匠を競う世界として発展していったのであろう。関岡氏の示した「納札＋木版印刷文化＋江戸趣味」という図式を軸に展開する「江戸のグラフィックデザイン」としての千社札の世界は、これ以後出版・印刷業界を軸に進展していくこととなる。

一方、安政二年（一八五五）十月に江戸で起こった大地震は、住民に多大な被害をもたらしたと同時に、その後の復興景気を生み出し、とりわけ土木建築関連の職人層の間に好況をもたらした。この点に関して関岡氏は、まとまった金銭を手にした彼らが納札界に参入し、大規模な交換会が開催されたことを指摘している。これによって納札界は左官の棟梁「大間富」をはじめとする多くの大工・左官や鳶などを抱え込むこととなった。

錦絵技術の導入・安政大地震後の復興景気という二度にわたる環境の変化は、納札界の行動様式のみならず、文化社会としての受容層にも大きな変化をもたらしたことは明らかである。この変化を如実に示す『神社仏閣納札起原』には、次のような掟を掲載している。

千社詣納札掟の事

一、信心を余所にして名聞に札を張べからず
一、活業職分をかきて遠行すべからず
一、替札に手を尽し、新規を競ふて費をかけべからず
一、神仏社閣に詣で宮殿を憚らず落書すべからず
一、集会の席に喧嘩口論都て物騒敷すべからず
右の条々堅く相守り信心拝礼なす輩ハ、神仏の冥助著明諸難諸病を免れ、三世の大福を受諸願成就如意満足疑ひあるべからず

頓首　敬白

これによって、貼り札がいまだ行われていることがわかるが、仮に右の条目がいずれも当時の実態を暗示しているとするならば、安政大地震後の納札界の混乱ぶりが表れていると考えられる。ときに貼り札においで「信心を余所」にして「名聞」を競い、交換札・連札に「手を尽し、新規を競」う当時の行動形態がうかがえ、活動が過熱化していくと堂社に落書し、交換会で喧嘩口論が巻き起こるといった光景が実際に展開していたのだろう。このようにみていくと、安政五年に前述の符帳付けが整理されたことも、同年に『神社仏閣納札起原』が刊行されたのも、安政大地震後の受容層の変化にともなって仲間内部の規律や約束が弛み、変質をとげる納札界を再構築すべくとられた手法と読みとることができるのである。『神社仏閣納札起原』は戯作者仮名垣魯文によって著されたが、内容は『題名功徳演説』を時代の変遷を考慮して敷衍したものにほかならない。巻末の「神社仏閣古人衆牌題名縮写」が「衆牌次第」とほぼ同一の題名を挙げているのがこれを物語っている。それと同時に「田キサ」の題名をもつ活動家で筆耕を家業とする梅素亭玄魚の文案をもとに、同じく活動家の戯作者仮名垣魯文の筆で綴ったこの書は、納札界の指導者層がかつての武士層から出版・印刷業界を軸にした職人層に移行している実態を伝えているのである。

これまでみてきたように、貼り札は寺社側や一般社会に歓迎されないことも多いなかで、符帳などを用いながら命脈を保っていくが、関岡氏は行動様式そのものに「いき」を求める傾向が顕著になっていくと指摘する。それに対して交換会という仲間内による自己完結型の室内世界を主とした交換札・連札の方は、料亭などを中心とした私的な会合を舞台に行われたこともあり、決定的な外的障害を受けることなく着実に発展していったのである。こうして千社札は活動の中心を徐々に野外の堂社から室内に移し、受容層を江戸の中下層民、なかでも出版・印刷業界や土木建築業界といった特定の文化社会に偏在化させていくに及んで、出版・印刷業界の発展に裏付けられた娯楽化した遊芸文化を生み出したのであろう。そして貼り札は交換札の隆盛に支えられて、行動様式そのものに「いき」を求めるかたちで存続していったものと考えられるのである。

活動拠点を移行

本章では、行動文化が生み出した寺社参詣に起因する千社札という文化社会が幾度の画期を経ながらも、武士をはじめとする知識人層によって独自の行動様式や論理を構築し、やがて受容層を「江戸趣味」の職人層に偏在させるとともに、連を単位とする交換会という室内を舞台に繰り広げられる遊芸社会に活動拠点を移行させていく過程を検討してきた。これによって、行動文化論が従来から斎藤月岑や十方庵敬順などの著作の分析を通して述べてきた、上層町人や武士・僧侶主体の方向性とは別次元の文化社会が存在することがわかる。冒頭で取り上げた西山松之助氏の述べる「町人自身の文化生活」は、実際には多層性を帯びていたといえよう。また西山氏は千社札を信仰心の象徴と捉えながらも、寺社に店名や番地を美しく摺り出したビラを貼り付けたとして、その広告性を評価している（「浮世絵の背景社会」）。たしかに絵馬額に絵師の宣伝効果などがうかがえることはすでに指摘されているが、当時の千社札にはたしてそれ以上の広告性を指摘できるのだろうか。巻末の別表1で取り上げた近世の貼り札の題名からは、店名・番地まではっきりと表現したものはほぼ皆無であり、交換札を「美しく摺り出したビラ」とする捉え方も、交換会が活動家や連内部による室内遊芸社会であることを考えれば、不特定多数を対象としたその広告性には疑問を抱かざるをえない。

信心を余所にして札を貼る、そして交換札に意匠を凝らすという幕末期の千社札は、活動の場を寺社の境内を中心とした野外に求めるばかりでなく、室内遊芸社会に新たな拠点を見出すことによって、行動文化が精神的な自己解放の場を野外のみならず室内遊芸の社会にも展開させ、相互が補完し合う文化社会を作り上げていったことがわかる。そして江戸の中下層の職人層を中心とした社会や地域に受容層を得た千社札は、斎藤月岑のような江戸根生いの上層町人が別次元で捉えた文化社会が、新たな文化の担い手として幕末期に成熟していったことを示しているのである。

第二章　初期の代表的な活動家

前章で検討してきた活動家のなかには、断片的ではあるが史料上にその足跡を残している者がみえる。寺社参詣の要素が多分にみられる、貼り札を中心とする初期納札界の動向を知る上できわめて貴重であると思われるので、以下代表的な数名について、その足跡を辿ってみたいと思う。

一　「てんかう」「麹五吉」

まず千社札に関する記述について、巻末の別表1からみていこう。A・Bともに二人の題名がみえる。なお、Aでは、「左之四人古人連名」として、「大六吉」「伝表新」「謹凸凹」とともに「麹五吉」の題名がみえる。またCにはともに名を連ね、Dではともに会話のなかに登場する。なかでも「てんかう」は、前述した『花の上野晦日の薄暮』において、「源加一」が彼の札を仲間にあげようとしている光景や、「古札のなかでも守法拝・秡経拝・てんかうの札はどこにあってもすぐわかる」との記述がある。そして「千社集メ札」には「神仏麹五吉」「麹五吉」（図1）と二枚の手書きの札が存在する。このように、両者はともに古参の活動家として当時から知られていた人物である。とりわけ「麹五吉」は著名であり、実際に現存する最古の千社札は、彼の手書きの札とされている。

江戸の随筆等の記述に関しては、別表1に挙げたように、「麹五吉」の記載は多いが、「てんかう」については『題名功徳演説』および『宝暦現来集』に記載があるのみである（両書にはそれぞれ「赤城天孝」「麹町十二丁目てんかう」とあり、『納札大史』には「小石川　てんかう」の札を掲載していることから、「てんかう」は居住地を転々としていたと考えることもできる）。概ね随筆中の記述には、両者および「天愚孔平」の三人が千社札の創始者として取り上げられている。

この点について具体的にみていくと、山崎美成は文政二年（一八一九）刊行の『麓の花』で「近くは、そのおんあとをつぎ奉りて、天愚孔平といひし人なせり、それに次ては、麹町てふ所の五吉といへるもの」と述べて、花山法皇に始まる巡礼納札を継承するかたちで「天愚孔平」が創始したとし、麹町の五吉、つまり「麹五吉」が孔平に続けて行ったとしている。これと同趣旨の記載は前述の『題名功徳演説』や『神社仏閣納札起原』にもみえ、幕末に宮川政運が著した『俗事百工起原』にも「或書に云ふ、千社参りの札の起りは、天愚孔平と云へる者より始る」とある。その一方で「天愚孔平」を取り上げない随筆もあり、これには「麹五吉」を取り上げる前掲の『嬉遊笑覧』と、「神社仏閣千社参の札を張る事は、天明年中、麹町十二丁目てんかうと云男、参詣せしを覚への為めに張たるを、其後同五丁目吉五郎と申男、是も又天紅同様に張たるなり」と述べて「麹五吉」よりも先に「てんかう（天紅）」が始めたとする山田桂翁の『宝暦現来集』（天保二年の序）がある。

図10　小石川「てんかう」の札

右の「天愚孔平」の記述に共通しているのは、花山法皇に始まる巡礼納札への付会である。つまり、次節でみるような知識人「天愚孔平」が、それまで千社参りとして行われていた落書き同然の行為に独自の理論的裏付けを与えた人物と考えられるのである。そうするとそれ以前の、千社参りが流行し始めた頃に「参詣せしを覚への為めに張」ることを盛んに行っていたのが、「てんかう」であり「麹五吉」であったとはいえないだろうか。彼ら二人は「天愚孔平」と異なって、麹町居住の一庶民であったことがそれを物語っていると思われる。

二 「天愚孔平」

初期活動家のなかで経歴が判明する人物は珍しいが、「天愚孔平」については先学の諸研究によりその詳細が明らかとなっている。なかでも高橋龍雄氏は彼を史料をもとに実証的に分析した先駆者である（「天愚孔平の伝（一）（二）」）。そして土屋侯保氏は従来の研究をより深めて、「天愚孔平」を人物的・学問的に把握することを試みている（『江戸の奇人　天愚孔平』）。「天愚孔平」の多彩な活動についてはこれらの先学に譲るとして、ここでは彼の経歴について簡略に述べるにとどめたい。

「天愚孔平」は本名を萩野喜内信敏といい、本姓孔平《くひら》、号には鳩谷《きゆうこく》・天愚（『百家琦行伝』巻之一に「我天性愚に生れたれば天愚とは呼なり」とある）などがある。彼は宝永六年（一七〇九）松江藩医萩野玄春の子として生まれ、同藩「列士録」によると、「宝暦十庚辰年十二月朔日、父家督無相違三百石被下也」とあって、以後松平宗衍《むねのぶ》・治郷に仕え、文化十四年（一八一七）四月に没するまで宗門奉行などを経て番頭格にいたるなど、藩の重臣として活躍していたようである。徂徠学派に連なり、多くの著作・碑の撰文を残している彼は、寛政改革時に松平定信のもとに集められた風聞集である『よしの冊子』に「萩野喜内（松出羽侯家中）ハ江戸へ交易所を御建被成自分ヲ交易奉行ニ被仰付候ハヾ、物の値段を平らかにいたし、江戸のミならず日本をならし可申、自分立身望ニもなき事也と申居り候よし」と記されている。つまり彼は藩に交易所を建設し、その奉行に取り立ててくれるならば、江戸のみならず、日本の物価を安定させることができると豪語したのである。このように、彼は当時から大胆な言動で名の知られた人物だったことは明らかで、他にも数々の奇行譚を残している。

彼は前述のように、花山法皇に始まる巡礼納札への「付会」を行った人物で、『題名功徳演説』本文では題名中興の祖として記され、『神社仏閣納札起原』の本文中にも「鳩谷天愚孔平先生真の題名衰へたるを引起せしより弥此道繁茂せり」と孔平を讃える文章が各所にみられるのだが、別表1をみるとA・Bに題名はみえない。またCには名を連ねているが、Dの登場人物中にはみえず、わずかに会話中に現れてくるだけである。一方、「千社集メ札」に「鳩谷孔平」（一丁表）・「しやうとうろほう　鳩谷天愚孔平　きうこくてんぐこうへい　信敏　求之輔」（三丁裏）・「鳩谷天愚孔平」（六丁表）の札がある。

図11　「鳩谷天愚孔平」の札

彼のことを記した随筆類は数多いが、なかでも司馬江漢（一七四七～一八一八）は実際に孔平と対面したことで知られている。江漢は彼の奇行とともにその博識であることを指摘し、大小さまざまな寺社に石摺のような黒い紙札を貼ったことを記している（『春波楼筆記』）。またさきにも述べたように、『麓の花』では「麹五吉」を孔平に次ぐ存在とみなし、『俗事百工起原』では「千社参りの札の起り」は孔平より始まるとしている。その刊行年代から考えて、これらの記述の起点となった『題名功徳演説』には、まさに彼の描いた世界観があふれており、以後に受け継がれていく納札界の行動論理を構築した点は特筆すべきであろう。

三　「源加一」

「源加一」も別表1のA・Bに題名がみえ、Cでは世話人をつとめるなど、初期の活動家のなかでも中心メンバーの一人と思われる人物である。後述のようにDにも会話中の中心的存在として登場している。そして「千社集メ札」には「玉池源加一」（一七丁表）・「源加一」（一七丁裏）の札が掲載されている。またこれとは別に「源加一　ボダイ連　つる竹　（印）（奉）（拝）」（同三三丁表）と記した札があって、天保時代に活躍した蒔絵師で、交換札などに筆をとったといわれる「つる竹」によって菩提札が作成されている（ここでいう菩提札とは、亡くなった納札家を弔う目的で作成される札のことを指し、仲間がこれを貼るのである）。このことから考えて、「源加一」は天保前後に死去したものと推測できる。

「源加一」について特筆すべきは、彼のものと思われる書込が東京都立中央図書館蜂屋文庫所収『縁起叢書』（全一四冊）にみられることである（なお、これを翻刻したものが中野猛編『略縁起集成』第一・二巻に収録されている）。略縁起の研究については、すでに国文学・民俗学や絵解きの分野による豊富な蓄積がある（中野猛『説話と伝承と略縁起』、加藤紫識「観福寺　浦島観世音像略縁起」・同（2））。

そもそも略縁起とは寺社の由緒来歴を記した木板摺のパンフレットで、開帳時に頒布されることが多かったといわれる。一枚摺のものから数丁を綴った冊子状のものがほとんどだが、現存する略縁起は旧蔵者によって複数のものを合冊された状態で保管されている場合が多い。本項で取り上げる『縁起叢書』も、蜂屋茂橘が収集したさまざまな略縁起を合冊して全一四冊にしたものである。

ここで蜂屋茂橘という人物について少し触れておきたい。彼は号を椎園といい、田安家広敷用人で家禄四〇〇石（役料一〇〇俵）。小日向に居を構え、田安家から出た松平春嶽の幼時の訓育にかかわる。谷文晁と交流をもち、拳《けん》の名人山崎桜斎を妹婿にもつなど、当時の知識人と広く交友関係をもっていた。『椎の実筆』『椎園叢書』『椎園雑抄』などの著作があり、なかでも「椎の実筆」中には縁起類の記載が多い。

図12　「源加一」の札

図13　「玉池源加一」の札

なお森銑三氏は、茂橘には『五目鮓』と題する貼込帖があり、このなかに「天愚孔平」の千社札などがあったことを紹介している（『森銑三著作集　続編』第二巻）。

この『縁起叢書』のうち、明らかに「源

加一」のものと思われる書込が存在する箇所を示したのが、表3である（なお、今回「源加一」による書込と断定できなかった他の書込箇所についても可能性を残しているため、今後の検討課題としたい）。本項では以下この記述をもとに分析を行いたい。

「源加一」の書込のなかでまず目に付くのが、「イ〇四」「ロ〇五」「ヌ〇十六」といった整理番号のような書込である。これは彼の書込の大半に付されているもので、内題や本文冒頭の上部に記されている。合冊の過程で書込部分が裁断された場合も多いので明言は避けたいが、これらが加一の手元に所蔵されている段階で「イロハ……」と、何らかの目的に従っていくつかの項目に分類されていたことが想定できる。「源加一」が表3記載の各略縁起を保管していたということは、開帳の際などにこれらの寺社に参詣していたことが考えられよう。

この表によってわかるのは、まず加一は御府内の寺社の居開帳か、ないしは他国の寺社などが御府内の寺社を借りて行う出開帳に積極的に参詣していることである。なかには大久保の諏訪社と思われる神社に立ち寄った際に、「即云、憶《おもひ》ノ杉アリ。別当所へ行。右ノ方七五三張アリ」「尓云、憶の杉あり。廟所脇細道の旁ニ有（以下判読不能）」と記しており、参詣時には境内を丹念に歩き回っていることがわかる。また深川霊巌寺に参詣したときには、「寛政元酉三月春六月十六日迄開山来戌ノ百五拾忌ニ付被越」と記して参詣の具体的な目的が開山霊巌の一五〇年忌にあることを伝えている。この表からうかがえる加一の行動範囲は、浅草・今戸の五件、本所・深川の四件と隅田川沿いが多く、南は芝・品川、西は大久保・麹町・小石川に及んでいる。まさに当時の御府内を網羅する範囲であり、加一は御府内一帯の寺社を活動拠点にしていたことは明らかである。

表3に挙げた略縁起には、天明五年（一七八五）の「今泉山称名寺畧縁起」「分福茶釜略縁記」を最古として、「菊女皿の来由」の文政元年（一八一八）までが存在する。もちろんこれらは加一の行動の一端であり、その他にも遠方へ出かけていたことも想定できる。これをもって参詣のつど千社札を貼って歩いたとは断定できないが、加一の活動家としての行動の基盤には、このような御府内寺社を中心とする参詣活動があったのであり、千社札はまさに典型的な行動文化に位置付けられるものとして出発したことを物語っている。そして彼の主な活動時期を天明～文政初年に求めることができるのである。

次に彼の出自を考えてみたい。「菊女皿の来由」（図14）は麹町の常仙寺が発行したもので、開帳は宝暦八年（一七五八）と文政元年（一八一八）に行われたことが記録にある（『武江年表』）。この略縁起の書込に「源加一六十歳ノ時開帳」とあるのを手がかりに、加一が文政元年の常仙寺の開帳時に参詣し、このとき数え六十歳であったとすれば、生年は宝暦九年（一七五九）ということになろう。

ところで「源加一」の題名は何を表すのか。別表1をみると、多くの題名が地名や職能の一部を盛り込んでいるのに対して、加一の場合はその文字からしてやや趣が異なるようである。すなわち、これは本姓が源氏であることをさすのではなかろうか。とするならば、『寛政重修諸家譜』巻千二百五十一の清和源氏義光流服部氏の項に「族一《つぐかづ》」弟として「加一《かたかづ》」が書かれているのに注目する必要がある。

蜂屋文庫所蔵）中の「源加一」書込箇所

対象寺社名等	所在地	宗派	年代	開帳場所
神田山新知恩寺幡随院	浅草	浄土	?	—
諏訪社	大久保	神社	?	—
石雲山常仙寺 （寅薬師）	麹町九丁目	曹洞	文政元年４月	同所
宮道神社（二所明神）	京都	神社	?	宝亀山慶養寺 （今戸、曹洞宗）
長盛山松久寺	芝三田樹木谷	曹洞	?	—
普門山天寿院大慈寺 （山手三十三ヶ所観音の一つ）	小石川大塚	臨済	文化４年４月	湯島天神
浅草寺地中金剛院	浅草	天台	寛政９年３月	同所
清滝山蓮華寺	南葛飾郡寺島村	真言	文化14年８月	—
今戸八幡宮 （別当無量寺松林院）	今戸	神社	（貞享６年の奥書） 文化10年４月	同所
道本山東海院霊巌寺	深川	浄土	寛政元年３月	同所
今泉山一心院称名寺	相模国鎌倉郡	浄土	天明５年２月	国豊山回向院無縁寺 （本所、浄土宗）
生石子社	播磨国印南郡	神社	?	?
青龍山蔵音寺	上総国九十九里本須賀郷	真言	文化９年５月	芝愛宕宿
高野山子院清浄心院	紀伊国	真言	?	?

（次ページにつづく）

表 3　『縁起叢書』（東京都立中央図書館

		内　題	書込箇所	書込内容
第三冊	四	幡随意上人略縁起	内題上部	「イ〇四　（黒印）」
			内題下部	「此主　源加一」
	五	諏訪宮略縁起	本文一・二行目上部	「□□□□」（裁断のため判読不能）
			本文最終行末	「即云、憶ノ杉アリ。別當所へ行。 右ノ方七五三張アリ。 此主　源加一」
			丁末	「尓云、 憶の杉あり。廟所脇細道の旁ニ有□□□□□」 （後半部分は綴じ込みのため判読不能）
	六	菊女皿の来由	内題上部	「〇加　十四」
			内題下部	「源加一六十歳ノ時　開帳」
			本文各所	（片仮名による書込箇所多数）
			皿の絵部分	「〇与拾五」「此主　源加一」
	七	宮道弁財天縁起	内題上部	「イ〇五　（朱印）」
			内題下部	「此主　源加一」
			本文最終行末	「（朱印）」
			丁末（貼紙）	「今戸　慶養寺」
	八	東都三田華城天満宮并本地十一面観世音菩薩畧縁起	内題前	「（朱印）　ロ〇三」
			本文最終行末	「此主　源加一　（朱印）」
	九	境内　見耕庵本尊　愛宕権現本地火防造酒地蔵尊略縁起	内題上部	「（朱印）」
			奥書下部	「此主　源加一」
			奥書上部	「ロ〇四」
			奥書末尾	「（朱印）」
	十	□□□　廿三夜　得大勢至菩薩縁記	内題上部	「（朱印）」
			内題下部	「源加一」
			本文一・二行目上部	「ロ〇五」
			奥書下部	「（朱印）」
第七冊	九	弘法大師御真筆縁起抜書	内題と本文の間上部	「ヌ〇十六」
			本文最終行末	「此主 源加一」
	十一	正八幡宮略縁記	内題上部	「□□」（裁断のため判読不能）
			内題下部	「此主　源加一」
	十八	霊巌上人略縁記	内題前	「寛政元酉三月春六月十六日迄 開山来戌ノ百五拾忌ニ付被越」
			内題上部	「（朱印）　ロ〇ニ」
			本文最終行末	「此主　源加一　（朱印）」
第一二冊	四	今泉山称名寺畧縁起	内題前	「ロ〇壱　　此主源加一」
			内題下部	「（黒印）」
			奥書下部	「（黒印）」
	九	（播州石宝殿略縁記）	本文一・二行目上部	「□□□□」（裁断のため判読不能）
			丁末	「此主源加一　□□□□」 （後半部分は綴じ込みのため判読不能）
	十	鏡地蔵菩薩矢除観世音菩薩略縁起	内題上部	「□〇十八」
			丁末	「此主　源加一」
	十一	高野山清浄心院廿日大師略縁起	内題上部	「（朱印）」
			本文一行目上部	「□□□□」（裁断のため判読不能）
			本文最終行末	「（朱印）」

対象寺社名等	所在地	宗派	年代	開帳場所
白川神祇伯殿門人六角福丸	京都	—	寛政6年2月	?
高野山子院清浄心院	紀伊国	真言	?	?
光勝山恵心院西行寺	安房国平郡船形村	浄土	寛政5年3月	山王御旅所（南茅場町、別当医王山知泉院、天台宗）
（蓮生山常行院熊谷寺か）	（武蔵国熊谷）	（浄土）	享和元年4月	日照山専求院法禅寺（深川、浄土宗）
太平山自性院鶏足寺	下野国芳賀郡	曹洞	?	?
大悟庵	駿河国富士郡星山村	曹洞	寛政12年3月	竜吟山瑞林院海雲寺（品川、曹洞宗）
青龍山茂林寺	上野国邑楽郡館林	曹洞	（天正15年2月の奥書） 天明5年6月	富岡八幡宮御旅所（深川、別当大栄山金剛神院永代寺、真言宗）

また年代欄は最も時代が下った時点を示す。

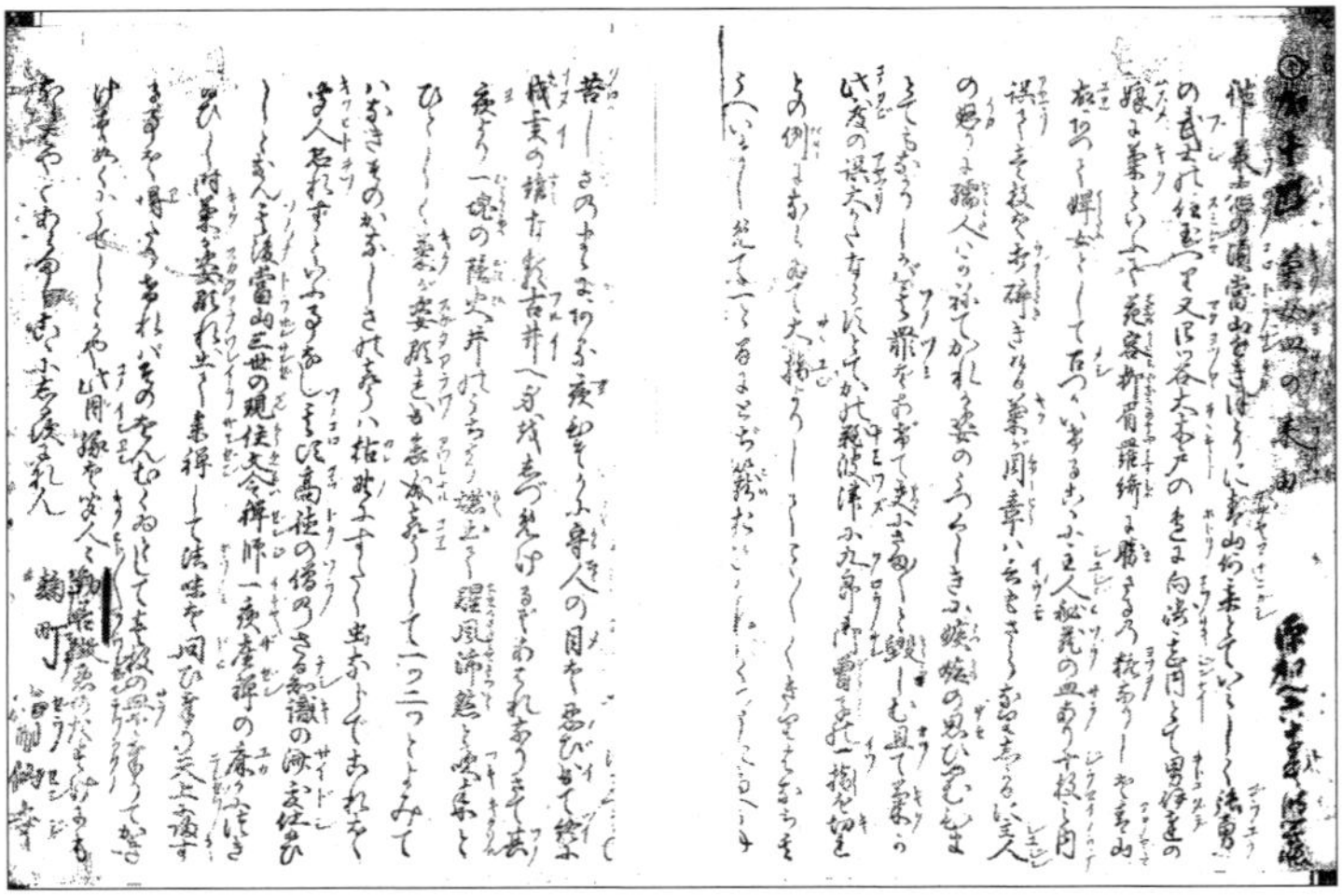

図14　「菊女皿の来由」書込

		内題	書込箇所	書込内容
	十二	天満宮由来	内題上部	「(朱印)」
			内題下部	「ロ〇　六　　此主　源加一」
			本文最終行末	「(朱印)」
	十三	五峯金剛瑜祇宝塔建立述意	内題上部	「(朱印)」
			本文最終行末	「此主　　　(朱印) 源加一」
	十四	安房国平郡舩形邑光勝山恵心院西行寺畧縁記	内題上部	「イ〇六　(朱印)」
			本文最終行末	「(朱印)　　此主源加一」
	十五	圓光大師尊像略縁起	内題上部	「イ〇八　(朱印)」
			本文最終行末	「(朱印)」
	十六	霊印畧縁記	内題と本文の間	「(朱印)　イ〇七　　　此主　源加一」
			本文最終行末	「(朱印)」
	十八	十一面観世音雲中出現尊像	内題下部	「此主源加一」
			末尾	「イ　〇拾」
第一三冊	六	分福茶釜略縁記	内題上部	「(朱印)」
			内題下部	「此主　源加一」
			本文一・二行目上部	「イ〇三」
			奥書下部	「(朱印)　　　深川八 於御旅所」

註：①書込欄の（黒印）は黒文円印、（朱印）は朱文円印で、それぞれ「源加一」のものと推測される。
②年代欄・開帳場所欄は略縁起本文・書込をもとに、適宜「開帳差免帳」「武江年表」で判明箇所を補った。

この記述によれば、服部家は元禄五年（一六九二）に綱吉によって召し出されたとあり、兄弟の父一相は宝暦元年に家督を継いだのちは一貫して祐筆畑を歩み、寛政元年（一七八九）に西丸切手御門番頭に進んでいる。菩提寺は浄土宗浅草誓願寺である。右服部家系図において、族一は「安永三年三月二十二日はじめて浚明院殿に拝謁し、寛政二年十月九日遺跡を継。時に三十四歳廩米百五十俵。妻は桜井権右衛門能冬が女」とあり、加一は「武次郎」とある。これによると族一の生年は逆算によって宝暦七年となることから、年齢的にも「源加一」の兄と考えてよさそうである。さらにこのことを裏付ける史料が、『国字分名集』（寛政十一年）・『幕士録』（文政十年）にみえる。それによれば、服部家が寛政～文政期を通して「神田元誓願寺前」に屋敷を構えていることが判明するのである（小川恭一編『江戸幕府旗本人名事典』第三巻）。この「神田元誓願寺前」という地名は、当時お玉が池周辺を示し、前述の「玉池源加一」の記述と合致するものである。実際、やや年代が下るが幕末の切絵図をみると、このあたりは神田の町人地に囲まれて少禄の旗本・御家人の屋敷が立ち並ぶ区域であったことがわかる。

以上の検討から、「源加一」は神田お玉が池周辺に屋敷をもつ下級旗本服部家当主の弟武次郎という人物で、寛政~文化頃を中心に御府内の寺社、とりわけ開帳場を中心に足を運ぶ姿が彷彿とされよう。最後に蜂屋茂橘との関係であるが、この点について現段階では不明であるとしかいいようがない。直接の交友関係はないようにも思われるが、旗本・御家人に近い田安家家臣の茂橘が略縁起を収集するルートを考えれば、下級旗本家出身の「源加一」は千社札の世界にとどまらない、近世後期江戸における文人社会のネットワーク上に位置する人物であったことが想定できるだろう。

四 「鳰三思」

結論から先にいえば、「鳰三思」とは小谷三志（一七六五~一八四一）のことである。三志については、岡田博氏の長年の精力的な研究によってその実像が明らかにされているが、三志と千社札との関係を見出したのは土屋侯保氏である。土屋氏は岡田氏が「三志」以前に「三至」「三思」の称があったことを紹介しているのを根拠に、別表1A・Bに題名のみえる「鳰三思」を同一人物であると指摘しているのである。

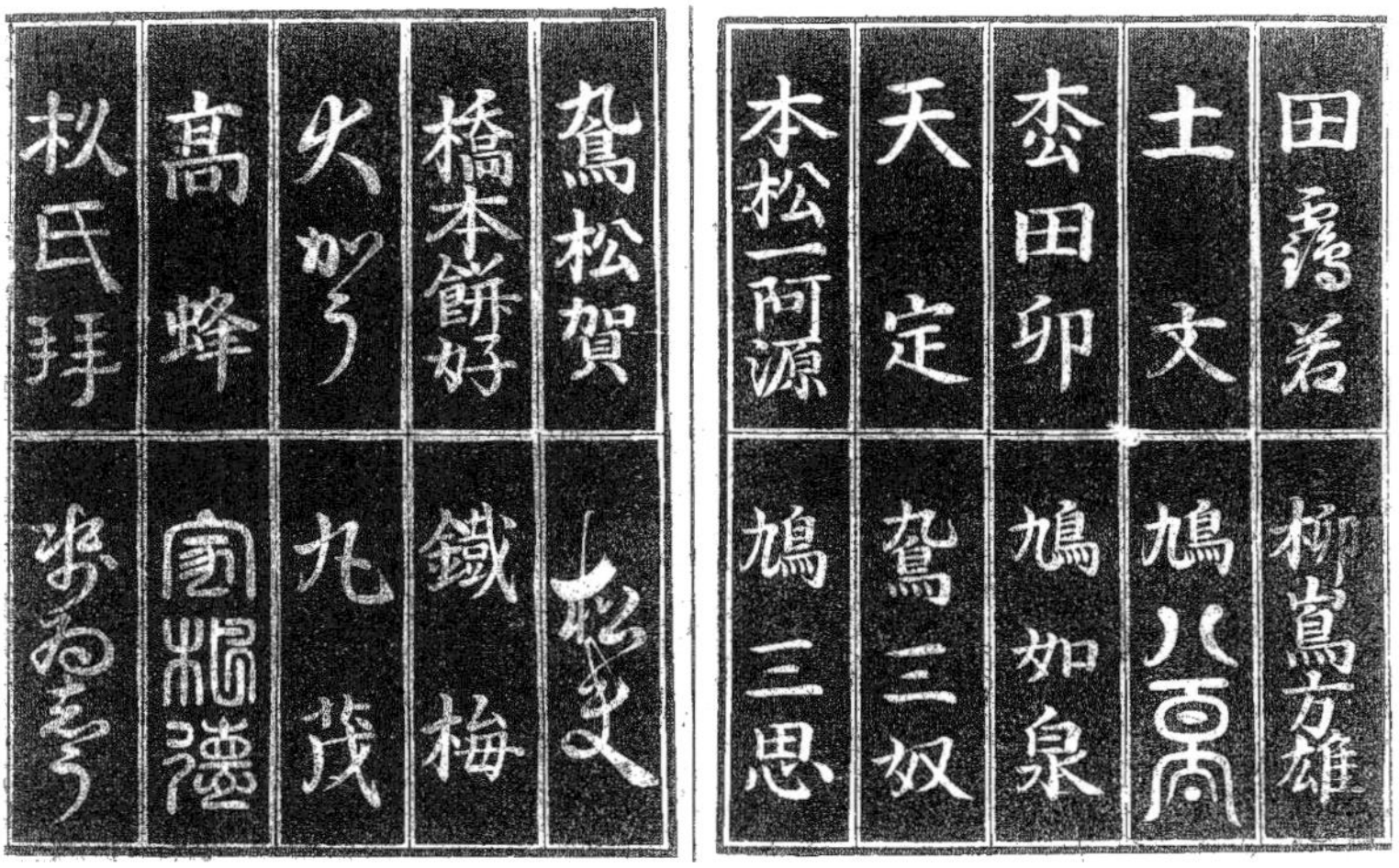

図15　「鳩三思」の題名など

実際に『題名功徳演説』本文中には「鳩谷駅三思」とあり、文化三年（一八〇六）の彼の日記にも「東都北鳩谷　三思」とあることから、「鳩三思」＝小谷三志との見解はほぼ事実とみてよいと思われる。だとするならば、「鳩三奴」「鳩松賀」など、「鳩」を題名の一部にもつ活動家は鳩ヶ谷に拠点を置く者たちであったと考えられる。はたして彼らは三志と日常的つながりのある仲間であろうか。今となってはその実態までは明らかにしえないが、どういうわけか、銀市宅での交換会、『花の上野晦日の薄暮』に彼らの名は見当らない。

　小谷三志は伊藤参行に師事するまでの青年期、富士講にとどまらず多様な寺社参詣活動をしていることが、寛政十一年から文化十一年（一七九九～一八一四）にかけての日記によって明らかである。そしてこのような活動の一形態として千社参りの活動家との交流がみられるのである。土屋氏の分析によれば、日記には「若五」が七回、「蘭華子守法」五回、「源加一」が四回、「槙藤」二回、「連丹治」が二回、「花大俊」が一回登場するという。次に掲げる史料は同日記より活動家とのかかわりがうかがえる記述の一部である（『鳩ヶ谷市の古文書　第七集　小谷三志日記Ⅰ』）。

（享和元年）

五月十四日出

一、深川若五泊

十五日

一、隠居泊　屋ふの内安上寺へ

熊谷の開帳、参り

十六日

一、品川冨由送り　若五泊り

十七日

一、鳥越に行、六右衛門　若五泊

善光寺、大観寺等順拝

十八日

一、雨天　若五

（同三年二月）
晦日
一、王子中食、御遷座にて若五に合
　深川泊り
（文化三年二月二十五日）
快晴
王子中家、飛鳥山桜さかり
筋違通、深川若五、大徳へ寄る
大徳道了権現燈□納二廿三日立と申
（同四年三月晦日）
四ツ過九ツ迄上野御遷座へ雷除之守施し行、深川大徳泊り
（四月二十九日）
九ツより御遷座へ行。札納同行安全
花大俊安茶一ツ来り、守法植蔵可来物違迎□□、幸右衛門妻せい痘平癒、木むらや専助夫婦和合
（五月十六日）
与右衛門、嘉兵衛、守法子来る、富士山頂上大日如来寄附に付、石屋言付置帰る

（五月二十八日）

江戸守法か一両人大刀奉納義□来る

（同五年四月六日）

守法拝、源駕、槙藤三人来る

（四月七日）

源駕出立

これによって判明するのは、三志はとりわけ「若五」との交際が多く、何度か深川の「若五」宅に宿泊していることである。「若五」は現存する札（図16）から深川御船蔵前町に居を構えていたことが知られるが、享和元年（一八〇一）五月十四～十八日には「若五」宅を拠点に品川・鳥越・青山善光寺などを廻っている。十五日には「屋ふの内」、すなわち深川藪ノ内の法禅寺にて熊谷寺の出開帳があり、これに参詣している。この熊谷寺開帳については「源加一」も訪れているようである。これは中野猛氏が『縁起叢書』解説のなかで、加一の書込のみられる「圓光大師尊像略縁起」を熊谷寺と推定していることによるのだが、他にも開帳場に活動家がしばしば現れたものと思われる。

次に注目したいのは、享和三年（一八〇三）二月晦日に「御遷座」で「若五」に出会い、文化四年（一八〇七）三月晦日に「上野御遷座」に行って雷除の御守をもらい、翌月二十九日にも「御遷座」に行って札を納めていることである。彼のいう「御遷座」とは、毎月晦日に行われる前述の両大師遷座のことをさしているのだろう。

この他にも三志のもとを仲間が訪れている記事が散見する。なかでも「守法拝」が「富士山頂上大日如来寄附」の件や、大山の「大刀奉納」の件で三志の助力を仰いでいるのは興味深い。残念ながら日記からは彼が千社参りに直接かかわったという記事は見当たらないものの、当時宿役人や富士講の行者をしていた三志は、日記の記事をみても明らかなように、旺盛かつ多様な参詣活動のなかで千社参りの面々とも深く交わり、代表的活動家の一人に列する人物であったといえるだろう。また日記中には地元で「松賀（嘉）」「八百太」が出入りしていることがわかる。すなわち二人は「衆牌次第」などに「鳩松賀」「鳩八百太」の題名で登場する人物であろう。おそらく彼らは題名に「鳩」を冠する三志の地元の仲間として三志と行動をともにしたとみてよさそうである。

このような千社札を含めた多彩な参詣活動をみせる青年期の三志像は、まさしく当時の千社参りの動向を象徴的に表しており、この頃江戸において多様化した参詣活動を母体に千社参りという社会現象が成立したことを示しているのである。そして最も興味深いのは、三志が一般に知られているような、不二道を創唱して日常的道徳実践を説くようになるきっかけをもたらしたのが、

図16　「若五」の札

他ならぬ千社参りの仲間「連丹治」であったことだろう。彼もまた別表1のA・Bに名のみえる初期活動家の一人である。禄行三志写「温知政要」添書きには、三志が参行に出会った経緯が記されている。ここで取り上げたいのは同書冒頭の左の部分である。

最初よりの事

一、文化六年三月十七日、横山町三河屋忠治方に旅宿に、ふと信心の者早川屋平八、建具屋重次郎両人連立ち浅草へ参り、雷門の内にて同所にきせるや丹治といふ信者に行合、参行㑹の事を此辺に聞及はなきかと承り候所、此者之様之方は知らず候へ共、六年以前同じ長屋に罷在候所、橋場辺へ引越三ヶ年程過て、山谷辺ゑ引うつり候由風聞承り候由と申。

三志は文化六年（一八〇九）三月十七日、富士講の信者二名を連れて浅草寺雷門内で煙管屋を営んでいた「連丹治」のところを訪れる（ちなみに岡田氏によれば、旅宿を営む三河屋忠治は日本橋横山町二丁目の人で、参行対面時の随行者の一人であり、建具屋重次郎は田中重治郎といい、神田豊島町に住んでいたという）。すると丹治は六年ほど前に参行と同じ長屋に住んでいたことがあり、その後参行は橋場に移り、三年ほど経って山谷の方へ引っ越したという噂があることを知る。以下山谷で参行と対面する記述が続くのであるが、右の記述からわかることは、「連丹治」が富士講信者で参行とはかつて同じ長屋に住んだ仲間であり、三志の訪問を受けた当時は浅草寺雷門内に煙管屋を開業していたことである。当時浅草寺雷門をくぐると左右には南谷と呼ばれる子院群があった。各門前には参詣客目当ての店舗が建ち並んでおり、各子院はその境内において貸家経営を行っていた。丹治はここに店を構えるか、ここに居住していたものと思われる。この丹治から得た情報が、浅草山谷で「彫物師」として金物細工を営み、九尺二間の裏店に住んでいた伊藤参行との出会いをもたらしたのである。三志はまもなく参行の死に遭い、富士講第八世行者を名乗ることとなるが、以後の三志の活躍のなかに千社参りの記事が出てくることはない。

三志にとって千社参りは、参行と出会うまでの基盤となる信仰活動の一過程にすぎないが、むしろここで得られた人的ネットワークがその後の活動に少なからず作用していたものといえよう。それと同時に「彫物師」である参行を含めて、この出会いには江戸の職人・商人層が密接にかかわっていたことも見逃せない事実である。

五 「守法拝」（蘭華子）

彼も別表1A～Dのすべてに題名がみえる古参の活動家である。Cの交換会では世話人をつとめ、また前述のようにDには会話中に「どこに貼ってあってもすぐわかる古札」として取り上げられている。また『納札大史』には、「守法拝東礫川蘭華子」（図17）や「しゆほうはい　守法拝　カミノマモリホトケノリヲカムユ」（図18）などの札を掲載しており、東小石川に居を構え、題名には「カミノマモリホトケノリヲカム」との信仰的心意が込められていたことがわかる。また、四方を拝して豊作と無病息災を祈る元旦の

図17 「守法拝」の札①

図18 「守法拝」の札②

行事「四方拝」に由来を求めることもできる。そして別表1からわかるように、彼は「源加一」とほぼ同場面に登場しているのが特徴である。

『題名功徳演説』序文によれば、彼が同好の士を集めてこの書を編集したことになっている。まだまだ謎の多い人物ではあるが、千社札の理論付けを行った中心人物の一人であることには間違いなく、前述のように小谷三志の元に出入りしている記事からは、富士山頂上の大日如来に寄附をしたり、大山に「大刀奉納」をするなど、彼の活発な参詣活動がうかがえるのである。

第三章　幕末維新期の納札活動　——江戸趣味の系譜——

一　集古会と千社札

明治・大正期の江戸研究は、まだ近い過去ということもあってか懐古趣味の範疇に入るものが多く、本格的な研究が立ち遅れていたことは否めない。しかし、そのなかでもこの時期において江戸を対象に研究する代表的な組織に、集古会があったことを忘れてはならない。集古会は坪井正五郎らが発起人となって結成され、明治二十九年（一八九六）一月の上野韻松亭の集まりから出発し、戦前まで続いた趣味人の会である。その機関誌は当初「集古会誌」、のちに「集古」として全一八九冊が発行された。この会には名誉会員として旧徳島藩主で侯爵の蜂須賀茂韶《もちあき》、国語学者大槻文彦、人類学者坪井正五郎などが、賛助会員に国学者井上頼圀《よりくに》、三井財閥の最高経営者益田孝、歌人の佐佐木信綱等が名を連ねていた。会員は約一二

○名ほどであったが、児童文学者の巖谷小波《いわやさざなみ》、国文学者で愛能家の和田万吉、日本画家の安田靫彦《ゆきひこ》・結城素明・平福百穂《ひらふくひやくすい》、日本民俗学の創始者柳田国男、評論家の内田魯庵など多彩な顔ぶれで、後世の学問研究に偉大な貢献をした人物が少なくない。このことからもわかるように、集古会は単なる趣味の集まりにとどまらず、彼らが蒐集した資史料や研究した成果は戦後の江戸研究に大きな影響を与えているのである。

集古会のメンバーが千社札に関心を寄せていたことは、『集古会誌』創刊号に山中共古の「千社参りの創業者天愚孔平」という論考が掲載され、第五回目の集古会では山中が「千社参り古札集」を持参していることからも知られよう。彼らは江戸が創り上げた固有の社会、なかんずく納札活動家を含めた幕末維新期の江戸の文化社会に生きた人々を青少年期に実際にみてきたか、ないしはそのような人々の軌跡を周囲の者から聞いてきた点で共通している。やがて彼らのなかから千社札に江戸の残像を求め、蒐集・研究の対象とする人物が現れたのも当然であろう。

そもそも千社札は、先述のように近世後期の文化人蜂屋茂橋の収集資料のなかに『五目鮓』という貼込帖が存在したといい、彼の残した膨大な略縁起のなかに「源加一」の書込のあるものが散見されるなど、すでに幕末の一部の文人間で注目され、蒐集の対象となっていたことがわかる。

また、近代の活動家のなかでとりわけ収集家として知られているのが、神田多町二丁目の青物問屋「いせ万」（伊勢屋万次郎に由来）の題名をもつ大西浅次郎（一八七四～一九二五）と、上方出身の落語家古今亭志ん馬（四代目、本名金川利三郎、一八八九～一九六一）である。特に志ん馬は『納札大史』を著し、その膨大なコレクションは「志ん馬文庫」として所蔵されていた。コレクションは彼の死後、活動家間で分けられたと思われ、現在の活動家のもとにも一部所蔵されているようであるが、その全貌については明らかではない。

すでに述べてきたように、そもそも納札・千社札には貼り札・交換札・連札が存在する。これらは納札界が固有の文化社会として発展を遂げるにつれて、貼り札→交換札→連札とその形態を変化させていったものと思われる。そこで本章ではこの流れを意識しながら、幕末・維新期の納札文化の展開を考えてみたいと思う。

ここで連札の分析の対象とするのは後藤禎久氏所蔵の資料で、「柳都納札連名集」（A）および志ん馬コレクションの一部（B～D）である。これらは連札と思われるもので、志ん馬の収集段階ですでに貼込帖になっており、墨摺一色の貼り札とは異なってデザイン性に富んだ鮮やかな札が多く、詳細にみていくとさまざまな情報を読み取ることが可能と思われるが、以下文字情報に焦点を絞って検討を加えることとしたい。

二　納札貼込帖にみる幕末の納札活動家

A　「柳都納札連名集」

「柳都」とは現在、新潟を示す言葉として知られているが、ペリー来航直後の江戸湾図に「柳都海岸略図」があるように、「柳都」は当時「柳営」（幕府・徳川将軍家のこと）の都、すなわち江戸を意味する語として用いられていたようである。内容をみていくと、この貼込帖は江戸の坂升連による連札集であることがわかる。全二五面からなり、各面に札が上下二段に各四枚、合計八枚（八丁札）貼られている。図19～21を見ても明らかなように、それぞれの札の上部には連のマークがデザインされているが、これを細部にわたってみていくと、左右で二枚一組となっており、右の札には中央に主に地名を表す文字を記した木札がデザインされ、右下には「凸凹夫」の印が付されている。一方左の札には題名を記した木札が描かれているのみである。連のマークを連ねて同じデザインで札をつないでいくという連札のオーソドックスな形式であり、幕末の連札を知る上で非常に貴重なものである。

この貼込帖に記載された文字を一覧にすると表4のようになる。この表では地域や職業が推測できる部分についても併せて示している。貼込帖の最後の部分、すなわち連止めの部分（13オ、図22）には、坂升連の世話人として「三金」「いは富」「ほり友」「かざり亀」「八九かね」「まき金」「こく平」「(画)つち」「八九かつ」の題名があり、それに「彫工　小林佐七」「摺師　錦好斎」の名がある。そして末尾には「于時安政四丁巳歳黄鐘中望夜　梅素亭書（印）」とある。ちなみに、興味深いのはこの貼込帖には紙背文書があることである。文中には「天王御酒世話人」として棒屋小右衛門・八百屋金治郎・大仏屋藤五郎・畳屋権兵衛の名が記され、「毎年御神酒所諸入用買物覚」「天保二年七月　畳屋権兵衛様より」などとみえるほか、「二見屋忠兵衛預り」の名前とともに「大門通　新大坂町　二見屋」の印が数ケ所にわたってみら

図19　「柳都納札連名集」①（冒頭）

図20　「柳都納札連名集」②

れる。このことから、この紙背文書の内容は小舟町天王祭礼費用の覚と思われ、「柳都納札連名集」の持ち主は小舟町天王祭に携わり、新大坂町の二見屋と深いかかわりのある者との推測も成り立つ。今後の検討をまちたい。

これらの情報から「柳都納札連名集」は、安政四年（一八五七）に梅素亭玄魚の書・デザインをもとに、彫師小林佐七がこれを板木に彫り、錦好

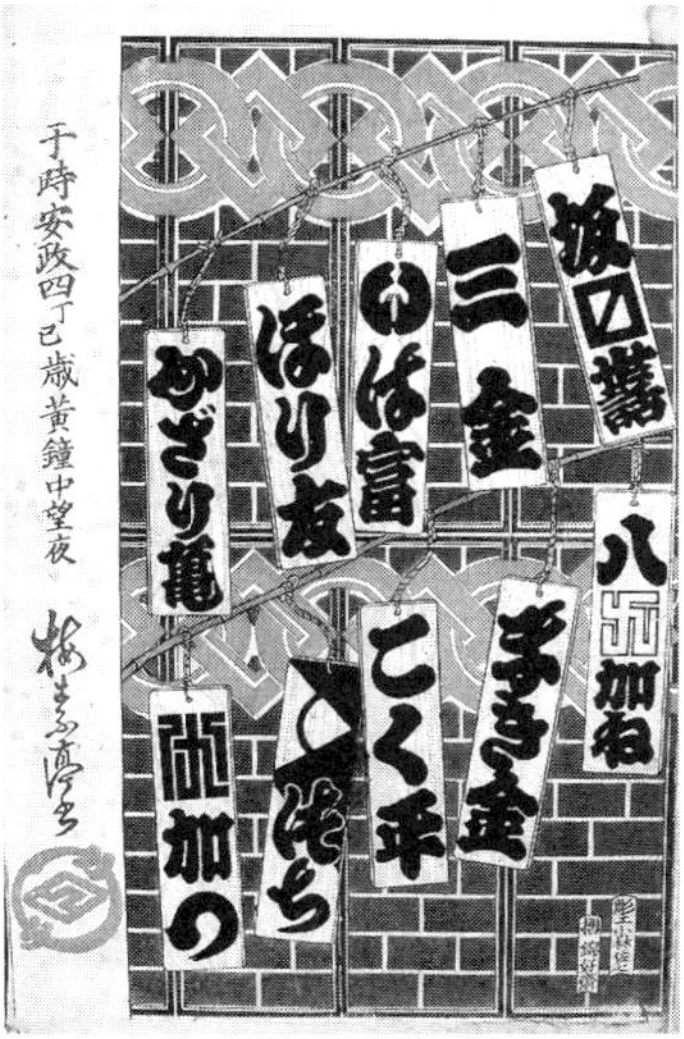

図21　「柳都納札連名集」③（末尾）

表4　「柳都納札連名集」にみる納札家（坂升連）

丁数	連札に記された文字情報				居住地	職業
1オ	a	「さか田つ」			神田	
	b	「甲清亭」「(凸凹夫)」	c	「はる三」		
	d	「そめ孫」				染職カ
	e	「外神田」「(凸凹夫)」	f	「中てい」	外神田	
1ウ	a	「東都」「(凸凹夫)」	b	「ほり静」		彫師
	c	「入角連」「(凸凹夫)」	d	「いそ安」		
	e	「日本ばし」「(凸凹夫)」	f	「(八九）加根」	日本橋	
	g	「ゆしま」「(凸凹夫)」	h	「はしのぶ」	湯島	
2オ	a	「両こく」「(凸凹夫)」	b	「岡とめ」	両国	
	c	「いしはら」「(凸凹夫)」	d	「万（印)」	本所石原新町カ	
	e	「両国」「(凸凹夫)」	f	「山はん」	両国	
	g	「両ごく」「(凸凹夫)」	h	「まん藤」	両国	
2ウ	a	「浅草」「(凸凹夫)」	b	「ゑび栄」	浅草	
	c	「た組」「(凸凹夫)」	d	「はせ松」	た組	
	e	「釜屋堀」「(凸凹夫)」	f	「(三）み金」	釜屋堀カ	
	g	「深川」「(凸凹夫)」	h	「高伝」	深川	
3オ	a	「すがも」「(凸凹夫)」	b	「植とう」	巣鴨	
	c	「一英斎」「(凸凹夫)」	d	「芳艶」		浮世絵師
	e	「小日向」「(凸凹夫)」	f	「桐山」	小日向	
	g	「すがも」「(凸凹夫)」	h	「よね加つ」	巣鴨	
3ウ	a	「よし好改」「(凸凹夫)」	b	「田てう」		浮世絵師
	c	「やま崎」「(凸凹夫)」	d	「さん蝶」		
	e	「加ね（二)」「(凸凹夫)」	f	「可子仁」		
	g	「鐘近亭」「(凸凹夫)」	h	「こくへい」		
4オ	a	「はん下」「(凸凹夫)」	b	「田キサ」		板下書き
	c	「せきや」「(凸凹夫)」	d	「松里」	関屋	
	e	「れい住」「(凸凹夫)」	f	「柾ふん」	霊岸島	
	g	「外（かん）田」「(凸凹夫)」	h	「家根音」	外神田	

丁数	連札に記された文字情報				居住地	職業
4ウ	a	「坂（ます）連」「(凸凹夫)」	b	「キの清」		
	c	「せきゑんし」「(凸凹夫)」	d	「赤円子」	赤坂	
	e	「千寿」「(凸凹夫)」	f	「片遊」		
	g	「外（かん）田」「(凸凹夫)」	h	「加め（松）」	外神田	
5オ	a	「ほ組」「(凸凹夫)」	b	「(印) 片長」	ほ組	
	c	「花露」「(凸凹夫)」	d	「はな児」		
	e	「ほ組」「(凸凹夫)」	f	「(印) 鳥正」	ほ組	
	g	「(印) ほ組」「(凸凹夫)」	h	「新栄」	ほ組	
5ウ	a	「かん田」「(凸凹夫)」	b	「菓子大」	神田	
	c	「ふ加川」「(凸凹夫)」	d	「梅はる」	深川	
	e	「ふか川」「(凸凹夫)」	f	「仲てつ」	深川	
	g	「武総」「(凸凹夫)」	h	「八九とく」	武総カ	
6オ	a	「すがも」「(凸凹夫)」	b	「中加ね」	巣鴨	
	c	「すがも」「(凸凹夫)」	d	「宇恵金」	巣鴨	
	e	「八丁ほり」「(凸凹夫)」	f	「まし田め」	八丁堀	
	g	「すがも」「(凸凹夫)」	h	「はらまさ」	巣鴨	
6ウ	a	「両国」「(凸凹夫)」	b	「ゑん久」	両国	
	c	「イ志志ん」「(凸凹夫)」	d	「イ志さん」		
	e	「千代田」「(凸凹夫)」	f	「とき長」	千代田	
	g	「一猛斎」「(凸凹夫)」	h	「芳虎」		浮世絵師
7オ	a	「小日向」「(凸凹夫)」	b	「静山」	小日向	
	c	「(印) ほ組」「(凸凹夫)」	d	「もり金」	ほ組	
	e	「(画)」「神社仏閣」 「連ふだ」「もよほ主」 「坂舛れん」「瓢連始」				
7ウ	a	「千組」「(凸凹夫)」	b	「湊（二）市」	千組	
	c	「両ごく」「(凸凹夫)」	d	「福志ん」	両国	
	e	「すがも」「(凸凹夫)」	f	「久（二）松」	巣鴨	
	g	「寿賀茂」「(凸凹夫)」	h	「車加ん」	巣鴨	

丁数		連札に記された文字情報			居住地	職業
8オ	a	「かんだ」「凸凹夫」	b	「家尾熊」	神田	
	c	「両ごく」「(凸凹夫)」	d	「大木正」	両国	
	e	「すがも」「(凸凹夫)」	f	「な加げん」	巣鴨	
	g	「両国」「(凸凹夫)」	h	「まる定」	両国	
8ウ	a	「北馬」「(凸凹夫)」	b	「鮓いの」		
	c	「さ加いく」「(凸凹夫)」	d	「坂幾」		
	e	「東神田」「(凸凹夫)」	f	「あみ亀」	東神田	
	g	「ほ組」「(凸凹夫)」	h	「(印) 佐徳」	ほ組	
9オ	a	「小日向」「(凸凹夫)」	b	「原銅」	小日向	
	c	「一来」「(凸凹夫)」	d	「はくてつ」		
	e	「れい住」「(凸凹夫)」	f	「寿々文」	霊岸島	
	g	「東都住」「(凸凹夫)」	h	「(石) 印粂」		
9ウ	a	「すり物」「(凸凹夫)」	b	「江銀」		摺師
	c	「両ごく」「(凸凹夫)」	d	「田せん」	両国	
	e	「りやう国」「(凸凹夫)」	f	「あをきん」	両国	
	g	「両 (こく)」「(凸凹夫)」	h	「なた万」	両国	
10オ	a	「浅くさ」「(凸凹夫)」	b	「ふく新」	浅草	
	c	「つば店」「(凸凹夫)」	d	「ほり辰」		
	e	「浅草住」「(凸凹夫)」	f	「はな庄」	浅草	
	g	「こりば」「(凸凹夫)」	h	「よし兼」	垢離場	
10ウ	a	「ふ加川」「(凸凹夫)」	b	「舟岩」	深川	
	c	「本石四」「(凸凹夫)」	d	「はく房」	本石町四丁目	
	e	「一恵斎」「(凸凹夫)」	f	「よし幾」		浮世絵師
	g	「神田住」「(凸凹夫)」	h	「はく繁」	神田	
11オ	a	「江戸ッ子」「(凸凹夫)」	b	「志んぼう」		
	c	「霊岸嶋」「(凸凹夫)」	d	「とくぎ」	霊岸島	
	e	「入角連」「(凸凹夫)」	f	「海老太」		
	g	「関屋」「(凸凹夫)」	h	「せき忠」	関屋	

丁数		連札に記された文字情報			居住地	職業
11ウ	a	「大伝馬」「(凸凹夫)」	b	「とよ正」	大伝馬町	
	c	「れい住」「(凸凹夫)」	d	「鹿金」	霊岸島	
	e	「本こく」「(凸凹夫)」	f	「たけ忠」	本石町	
	g	「ほりてつ」「(凸凹夫)」	h	「彫鉄」		彫師
12オ	a	「入角連」「(凸凹夫)」	b	「ぬり鉄」		塗師
	c	「深川」「(凸凹夫)」	d	「船金」	深川	
	e	「に組」「(凸凹夫)」	f	「(吉) とら」	に組	
	g	「千寿」「(凸凹夫)」	h	「勢喜幸」	千住	
12ウ	a	「加んだ」「(凸凹夫)」	b	「小栄」	神田	
	c	「はちれん」「(凸凹夫)」	d	「(八九) 円子」		
	e	「小日向」「(凸凹夫)」	f	「よこ山」	小日向	
	g	「小日向」「(凸凹夫)」	h	「桜嶽」	小日向	
13オ	a	「坂 (ます) 世話」	b	「三金」「いは富」		
	c	「ほり友」「かざり亀」	d	「八九加ね」「まき金」 「彫工　小林佐七」「摺　錦好斎」		
	e	「こく平」	f	「(画) つち」 「(八九) 加つ」		
		于時安政四丁巳歳黄鐘中望夜　梅素亭書　(印)				

註：題名欄の（印）は連などの印、（画）は題名の一部を構成すると思われるデザイン、（　）内の字は印の中にみられる字を表している。

斎が摺った、坂升連の連札であることがわかる。

B　「納札集　第拾一号」

表紙には「納札集　第拾一号」の題箋とともに「志ん馬文庫蔵」の蔵書印がみられる。そして見返しに

図22　「納札集」第拾一号　表紙

は図23のように「珍古納札自力蒐集為子孫後世残破棄汚損固戒金川志ん馬」の印が押され、「志ん馬蔵書」と記した絵馬のデザインとともに「嘉永安政の頃の連札」と書いた千社札が中央に貼られている。このことから、志ん馬は自らが多年にわたって収集してきた納札を貼込帖に仕立て、永久的に残そうとしたのだとわかる。そしてこのうちBの貼込帖には、嘉永・安政の頃の連札として分類されたものが収められているのであろう。全六二面に貼り込まれた連札はそのデザインから、①神田祭礼、②相撲のまわし、③大津絵、④源氏香（「香之図之連始」とある）、⑤紅葉、⑥忠臣蔵、⑦「納札五人張」、⑧戯文（「道外連」とある）、⑨源氏香づくし、⑩模様、⑪書状に大福帳、⑫梅樹、⑬芝居外題づくし、⑭影絵（「影画連」とある）、⑮戯文の一五組に分けることができる。なかには脇に「万字筆」「万字」「万字

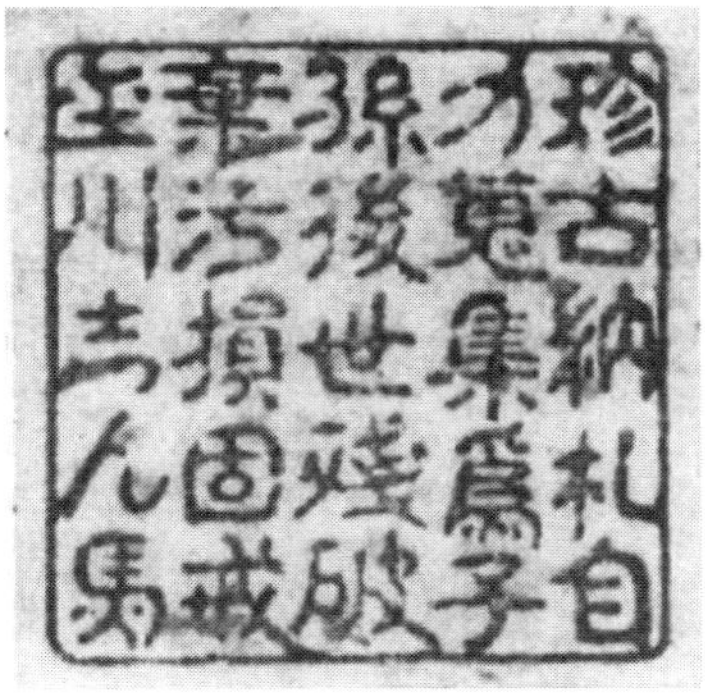

▼図23　「納札集」第拾一号　見返し（印部分）　▲図23　「納札集」第拾一号　見返し

斎」「卍斎」「田蝶」と記された札が散見され、これらの札が活動家の一人、「田蝶」のデザインによることが判明する。「田蝶」は浅草田町の提灯屋で、これについてはのちほど検討を行うこととする。また、⑨の連札は、「かな伝」がスポンサーとなって制作したことがわかる。

C　「納札集　第廿八号」

表紙には「納札集　第廿八号」の題簽、「志ん馬文庫蔵」の蔵書印とともに、前述の「珍古納札自力蒐集為子孫後世残破棄汚損固戒金川志

図24 「納札集」第拾一号 「納札五人張」

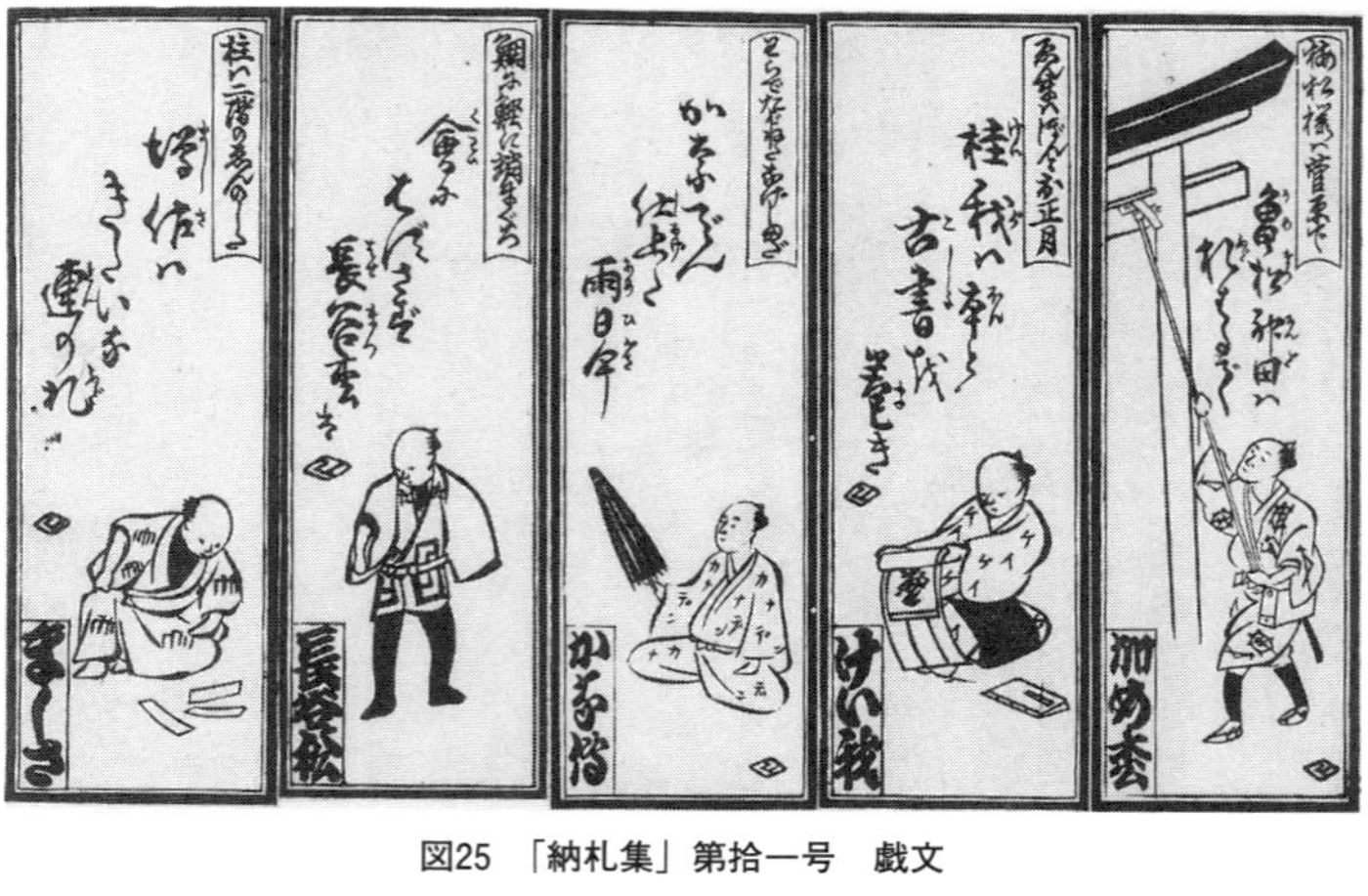

図25 「納札集」第拾一号 戯文

▲図26　「納札集」第廿八号　マネキに役者絵

▼図26　「納札集」第廿八号（部分）

ん馬」の印がみられる。また見返しには「志ん馬蔵書」の絵馬のデザインがあるのみである。全三三面に貼られた連札は、①マネキに役者絵、②瓢箪柄、③連印に朱の襷掛け、④卍連連札、⑤巡礼納札、⑥嘉祝連連札、⑦連札（不明）、⑧連札（不明）の各画題に分類される。

このうち①には連始のところに「安政六年未九

月」「田てう」「錦好斎」の文字がみえる（図26参照）ことから、この連札は安政六年（一八五九）九月の交換会で出されたもので、字を「田蝶」が、摺りを錦好斎が担当したことがわかる。また役者絵には「芳幾画」「一蕙斎芳幾画」とあって、国芳門下の落合芳幾が絵を担当している。そして「大間」「富出ス」、「大間登美出ス」とあることから、左官棟梁の「大間富」の出資による連札だとわかるのである。

また②には「梅素亭」「錦好斎」の札がみられることから、字を梅素亭玄魚が、摺りを錦好斎が担当していたものと思われる。

D「納札集　第廿九号」

表紙・見返しともにCと同様の体裁で、連札が貼られている面は全三三面である。これらのほとんどは連の印に地名と題名が記されたシンプルな形式の札なので、ここでは説明を省略するが、デザインや連の印ごとに分類していくと、各組数枚〜十数枚、約四〇組の連札に分けることができる。なかには一丁札を四分割したものもみられる。これらの札のなかには、「安政五午立秋」「安政六未春」などの文字がみえ、「玄魚」の梅素亭玄魚や、「万字」「田てう」の「田蝶」が書やデザインを担当し、歌川芳綱（「芳綱画」とある）や摺師錦好斎、さらに「江戸名所百景」シリーズの版元で知られる魚屋《さかなや》栄吉（魚栄、図28のように「魚ゑい」とある）がかかわっていたことがわかる。そして「大亀」出資の連札がこのなかに含まれている。

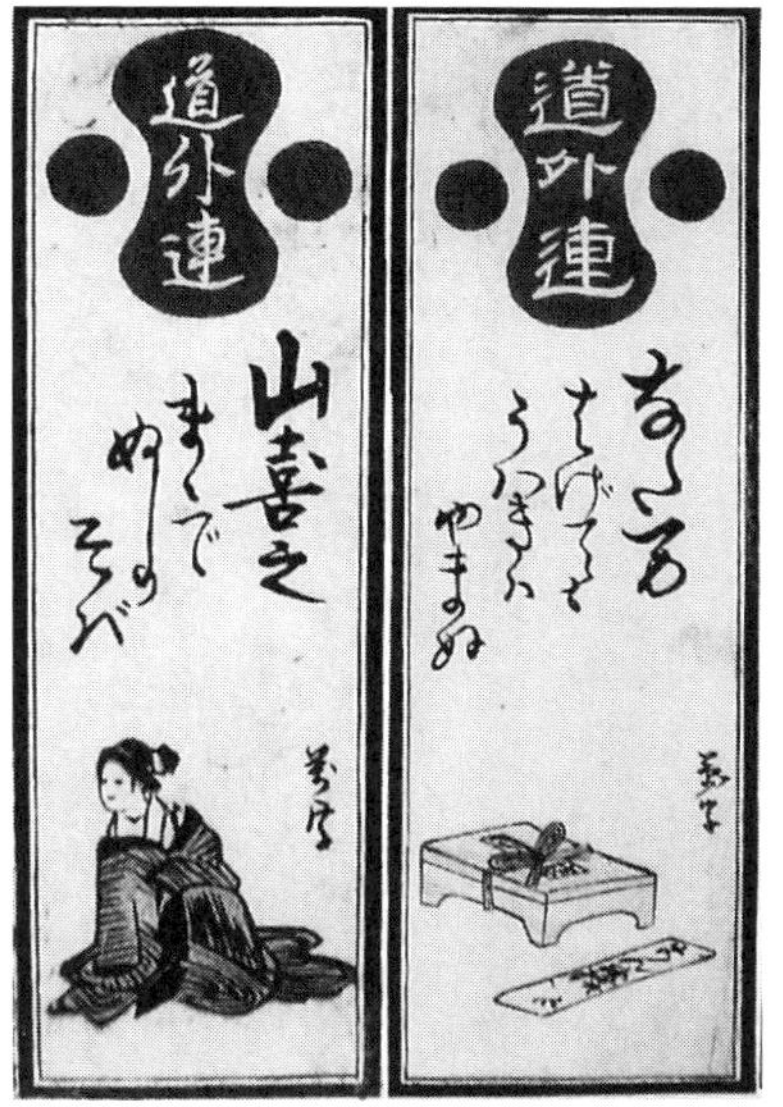

図27　「納札集」第廿九号①

図28　「納札集」第廿九号②

以上をみてわかるように、多くの連札には連のマークが施されている。これは各連札がどの連の主催で制作されたものであるかを示すとともに、連という同好の集団内部に仲間意識を高めることとなったと思われる。また題名に地名や職業の全部ないしは一部を冠することで、交換会に出席することに自らの帰属する地域社会や職業的世界の代表としての自負をもたせ、同時に居住地域に対する郷土愛ともいうべき精神が培われたことは想像に難くない。活動家はこうした意識のもとに連同士、あるいは個人間で意匠を凝らした札を競い合って制作したのである。

居住地域と職業分布

次に具体的に札の分析をしてみよう。右の

四冊の貼込帖に記された題名をもとに居住地域と職業を分析したのが、巻末の別表3である。右の連札・交換札は幕末のものであるが、これを第一章で検討した寛政～天保期を中心とした貼り札の分析結果と比較検討すると、表5（居住地）および表6（職業）に示したデータが得られた。これらの表では、まず貼り札の分析結果をAとし、別表3をもとに分析した成果をBとしている。ただ、寺社参詣という屋外を活動の場とする貼り札の世界と、屋内を活動の中心とする連札・交換札とでは、性質上の違いが認められるが、本稿では関岡氏をはじめとする従来の貼り札→交換札・連札へと活動の中心が移行することを念頭において分析を行った。また、表の分析においては、文字情報のみに依存したものであるため、誤認や未検討の部分が少なからずあることと思われる。この点については今後も継続して追跡調査をしていきたいが、本稿では全体の傾向を把握する上であえて掲載している。

これによると、活動家の居住地に関しては、幕末は小石川・本郷・巣鴨地域、神田地域、日本橋・京橋地域、浅草地域を中心に分布しており、天保以前と比べて麹町・四ツ谷・赤坂・青山・麻布地域など御府内西部の山の手地域で大幅に減少し、それまでの活動家の最も多かった浅草地域で減少傾向がみられる。その反面、神田・日本橋・京橋といった下町地域で大きく増加している。さらには天保以前の貼り札では上野・本所・深川の場末地域の活動家がごくわずかであったのに対して、幕末になるとこうした地域の受容層が大幅に増えていることがわかる。

一方職業についてみると、武家と思われる題名は見当たらず、寛政～天保期にはみられなかった浮世絵

表5　活動家の居住地域

地　域	A：貼り札 主な該当地名	A：件数	B：連札・交換札 主な該当地名	B：件数
飯田町	飯田町、元飯田町中坂	2 (1.8%)	—	0
小石川・本郷・巣鴨	小石川、東小石川、春日町	6 (5.5%)	小石川、本郷、巣鴨、湯島、小日向、妻恋、た組	28 (10.7%)
牛　込	牛込、牛込改代町	3 (2.7%)	牛込	1 (0.4%)
麹町・四谷・市ヶ谷	麹町、四谷、市ヶ谷、鮫河橋、鮫河橋南町	10 (9.1%)	麹町、四谷、四谷御門外、く組、ほ組	12 (4.6%)
青山・赤坂・麻布	青山、赤坂御門内、赤坂新町、麻布、元麻布、笄橋	19 (17.3%)	赤坂、青山、ま組	5 (1.9%)
神　田	神田、神田お玉ヶ池、昌平橋、久右衛門町一丁目、橋本町	10 (9.1%)	神田、東神田、西神田、外神田、神田青物市場、神田皆川町、今川橋、鎌倉町、横山町二丁目、千代田、柳原、佐久間町	41 (15.7%)
日本橋・京橋	新材木町、小田原町、茅場町、霊岸島、京橋三十間堀、銀座、尾張町、八官町、日比谷町、新橋	16 (14.5%)	本石町、橘町、本銀町、住吉町、八丁堀、中橋広小路町、霊岸島、京橋、新橋、大通	73 (28.0%)
芝	芝、三田、魚藍下	4 (3.6%)	芝、芝三田、飯倉	10 (3.8%)
品　川	品川	2 (1.8%)	—	0
下谷・上野	下谷	1 (0.9%)	下谷、上野広小路、忍が岡、山崎町	9 (3.4%)
浅　草	浅草、東浅草、浅草寺地中日音院内、山谷、吉原京町	24 (21.8%)	浅草、浅草田原町、元鳥越、猿若町、浅草田町、新旅籠町、新吉原	27 (10.3%)
谷中・千住	—	0	千住、三ノ輪、初音の里、関屋	7 (2.7%)
両　国	—	0	両国、両国広小路、両国垢離場、つば店	15 (5.7%)
本　所	柳島	1 (0.9%)	菊川町、小梅、本所石原新町	4 (1.5%)
深　川	深川、深川御船蔵前町	5 (4.5%)	深川、深川扇橋町、深川高橋、釜屋堀(深川上大島町)、三組	21 (8.0%)
その他	鳩ヶ谷、武蔵国小渕村	7 (6.4%)	新宿、堀の内、武州大宮、青山、信州飯田、武総、西宮	8 (3.1%)
合　計	—	110	—	261

註：なお、Bには「乙女橋」などの不明な箇所、ならびに「百組」「に組」という神田・日本橋両地域にまたがり分別し難い事例がみられるが、これらは割愛している。また、「深川、湯島」など、複数の異なる地域が想定しうる事例については、双方に数値を加えている。

表6　活動家の職業

職業分類	A：貼り札 主な該当職業	A：貼り札 件数	B：連札・交換札 主な該当職業	B：連札・交換札 件数
武家	武家	6 (18.2%)	—	0
土木・建築関係	屋根職、瓦師、穴蔵屋、鳶、井戸屋、木挽	10 (30.3%)	大工棟梁、左官棟梁、屋根屋、木具屋	10 (12.3%)
浮世絵関係	—	0	浮世絵師、板下書き、彫師、摺師、板元	22 (27.2%)
一般職人	釣竿製作、槍製作、石工、桶屋、畳屋、印判師、雛人形師、三味線屋	10 (30.3%)	馬具師、染職、箔屋、錺職、蒔絵師、傘職、提灯屋、植木屋	20 (24.7%)
商人	魚屋、八百屋、煙管屋	4 (12,1%)	扇屋、米屋、八百屋、青物問屋、魚問屋、茶屋	13 (16.0%)
芸能関係	—	0	歌舞伎役者、講釈師、歌沢節、清元節、三味線弾き、遊女	13 (16.0%)
その他	僧侶、名主・宿役人、戯作者	3 (9.1%)	僧侶、戯作者	3 (3.7%)
合　計	—	33	—	81

関係の職種が多数みられることが大きな特徴である。ここではデータ上、土木・建築関係の職種が幕末に減少しているようだが、後にみるように、安政大地震以降に好況に乗った土木・建築関係の者が多く参入してくることが指摘されているので、ここではひとまずこの数値はむしろ、浮世絵関連の職人のめざましい台頭を示すものと解釈しておきたい。

また、幕末には歌舞伎役者・講釈師や音曲関係の人々、さらには遊女までもが加わってくることも大きな特徴であり、この時期の江戸の納札界は、芸能関係をも含めて幅広い大衆の世界に文化社会の基盤を築いていることがわかる。

総じて右の四種の貼込帖からは、幕末の連札に梅素亭玄魚や「田蝶」が意匠を凝らし、これに歌川派の絵師などが加わって制作され、自らも活動家として参加している錦好斎などが摺を担当している様子をみて取ることができる。

以上の分析から、特定の制作者のもとに職人層や芸能関係の人々を中心に形成された幕末期の納札界の組織的傾向が浮き彫りとなってきたが、さらにその構造を解明するべく、次に組織の中心をなしたと思われる人物を取り上げ、その交友範囲をもとに彼らの文化社会の実態を探ってみることにしたい。

三　活動家の交友範囲

前節では連札に記載された文字情報から、幕末期の江戸で行われた納札活動を支える文化社会を検討してきた。ここでは幕末・維新期に活躍した代表的な活動家がどのような世界と交わっていたのか、その具体的な交友範囲についての分析を通じて、納札文化の基盤となった社会を考えてみたい。

（一）　梅素亭玄魚

梅素亭玄魚は安政四年（一八五七）刊行の『安巳新撰　文苑人名録』に「書　同（江戸）　浅草　宮城

玄魚」（東京都立中央図書館加賀文庫所蔵）と記載されていて、安政期にはすでに書家として一家をなしていたことがわかる。仮名垣魯文の著作になる納札界の手引書、『神社仏閣納札起原』は玄魚の口述がもととなっていることは、すでに述べた通りである。納札界では「田キサ」の題名を持つ彼が錦絵の世界と密接な関係にあったことは、『浮世絵師伝』にその経歴が掲載されていることからも推測できる（井上和雄編『浮世絵師伝』）。また『粋興奇人伝』（文久三年刊）には「壮年の頃より師によらずして書画の板下に妙を得、近来、合巻稗史の帙、とびら、此人の手になれるより、製巧の美備、看官拍掌して奇きに驚り。性、活達強侠、およそ頼まるゝ事としいへば、親疎を論ぜず他人のかたうでとなれるより、朋友戯称して筆の喜三郎といふ」と記されていて、壮年の頃から独立した版下（板下）書きとなり、意匠を凝らした装丁に定評がある一方で、親疎を分かたず付き合う侠気に満ちた人柄であったことを伝えている。『浮世絵師伝』によれば、彼の本名は宮城喜三郎といい、本石町四丁目に住むという大経師の息子で、岸本由豆流《ゆずる》門下で和歌をよくし、名を貞雄、号を喜斎玄魚と称したという。文化十四年（一八一七）に生まれた玄魚は、十五歳のときに浅草諏訪町の書画骨董屋のもとで修業をするが、二十歳で実家に戻ってからは、摺物の図案や絵草紙の袋絵などに独特の意匠を凝らして書画ともによくした。そして安政大地震後に現れた鯰絵は、彼の考案によるものだといわれている。作画期は弘化以降で、梅素亭のほかに整軒・楓園・蝌蚪《カト》子・水仙子・小井居《あざらい》などの号があり、明治十三年（一八八〇）二月七日に六十四歳で没している。

はたして彼は実際にどのような分野に活躍の場を見出していたのだろうか。玄魚の著作について『国書

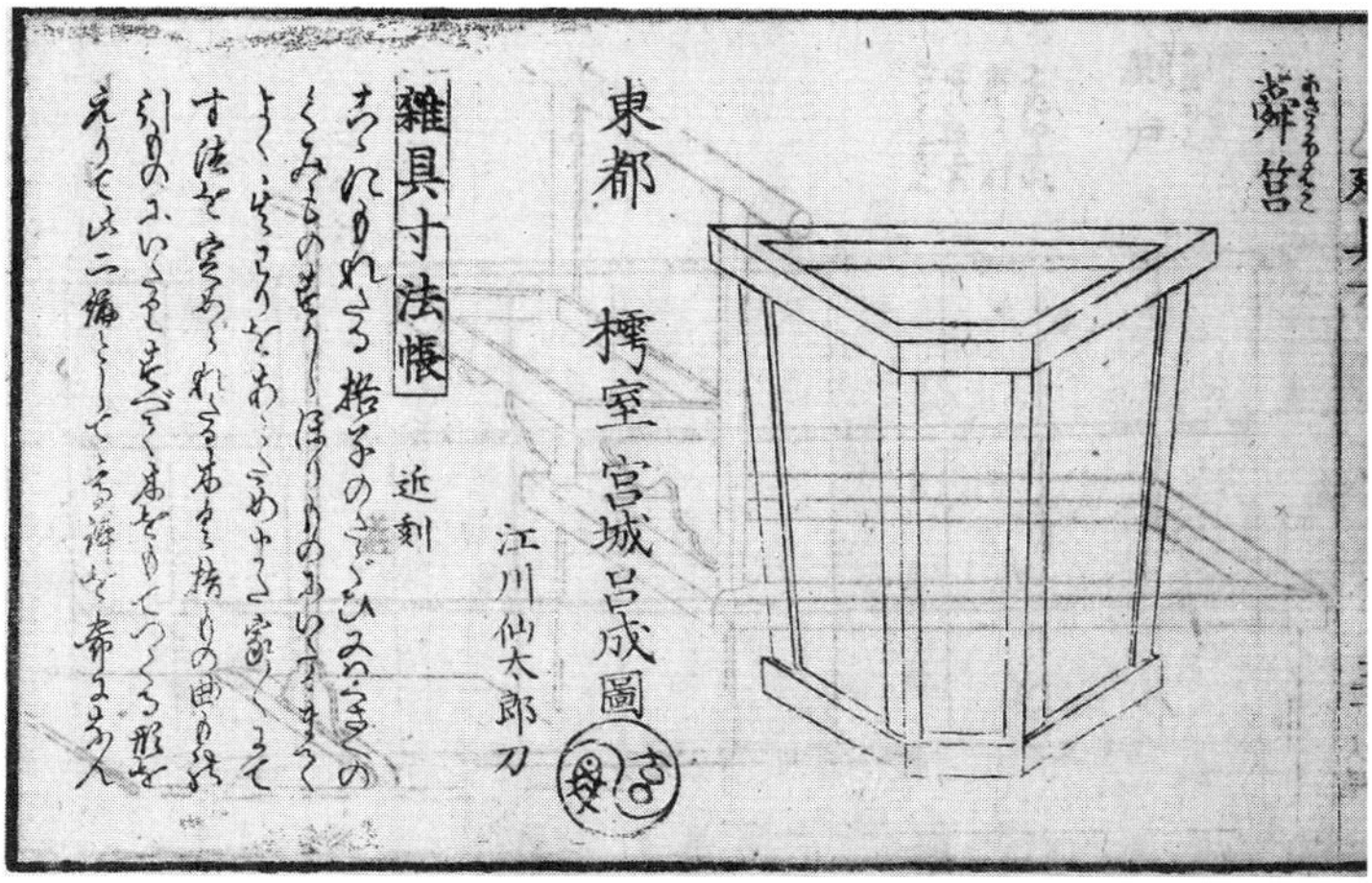

図29　『建具雛形』末尾

総目録』によれば、次の六点のデータを得た。

①『新吉原細見記』　梅素玄魚著、一冊、安政七年刊。

②『泰平纏一覧』　宮城玄魚編、一冊、安政三年刊。

③『建具雛形』　宮城呂成画、二巻二冊、嘉永五年刊。

④『浪輝黄金鯱』　三編一二巻（合巻）、一恵斎（歌川）芳幾画、初編…（河竹）其水・（山々亭）有人・（武田）交来・（瀬川）如皐作、二編…（仮名垣）魯文・芳幾・有人・其水作、三篇…（梅素亭）玄魚・如皐・魯文・其水作、慶応三年刊。

⑤『端唄糸廼綾』　初編一冊、梅素亭編、安政三年序。

⑥『番匠作事往来』　一冊、整軒玄魚校、大賀範国画、（刊行年不明）。

①からは吉原との関係が、②からは町火消の世界、③・⑥からは建築関連の職人、⑤からは音曲界とのかかわりがそれぞれ想定でき、④にいたっては戯作界・浮世絵界・歌舞伎界の面々を中心に編集されていることがわ

表７　梅素亭玄魚の関与した作品など

分類		タイトル	成立年代	編著者など	典拠	備考
A著述	⑦	『滑稽富士詣』（全10編）	万延元年～文久元年	仮名垣魯文作、梅素亭玄魚・鶴亭秀賀・春亭京鶴・柳亭種彦・山々亭有人他序文。恵比寿屋庄七版。	興津要校『滑稽富士詣』上下、古典文庫、1961年所収	玄魚は三編の序文を執筆。
	⑧	『開化漢語用文』（全１冊）	明治10年	小川為次郎編、楳素宮城玄魚書。	早稲田大学図書館　他所蔵	
	⑨	狂歌集			筆者所蔵	
B地図	⑩	「大日本海岸全図」（１鋪）	嘉永６・７年	整軒玄魚図、鈴亭森田桑蔵版。	明治大学図書館　他所蔵	
	⑪	「大日本海陸全図」（１鋪）	嘉永７・文久４年	整軒玄魚図、恵比寿屋庄七版。	明治大学図書館　他所蔵	
	⑫	『御江戸図説集覧』（１鋪）	嘉永６年	橋本兼次郎（玉蘭斎貞秀）稿、宮城喜三郎浄書。		
C錦絵	⑬	『名所江戸百景』	安政３～５年	初代・二代広重画、字梅素亭玄魚。魚屋栄吉版。		目録のデザインや詞書を担当。
	⑭	『古今名婦伝』（※）		三代豊国画、字梅素亭玄魚。魚屋栄吉版。	国立国会図書館所蔵	※「常磐御前」・「巴御前」・「下女お初」・「中万字の玉菊」・「万治高尾」の詞書のみ。
	⑮	『写真鏡・風船図』		梅素亭玄魚画。	思文閣美術館所蔵	横浜絵。
	⑯	「見立三十六句撰」	安政３年	三代豊国画、字梅素亭玄魚。伊勢兼版。	早稲田大学演劇博物館所蔵	句を玄魚が担当。
	⑰	「新古書画合」	嘉永	整軒玄魚摸。山口版。	筆者所蔵	
D大小暦	⑱	「犬張子」	文久２年	玄魚画。	国立国会図書館所蔵	
E引札	⑲	「牛肉売出披露文」	明治初年	仮名垣魯文作、梅素亭玄魚筆記。		
	⑳	「別製きそば」		玄魚述。	岡本竹二編『稗官必携戯文軌範』巻之三（明治16年、早稲田大学図書館　他所蔵）所収	
	㉑	「歯磨売出引札」	明治11年	玄魚筆記。	安田善次郎『近世・近代風俗史料貼込帖』（早稲田大学坪内博士記念演劇博物館所蔵）	
	㉒	「髪洗粉袋」		梅素亭製。	安田善次郎『近世・近代風俗史料貼込帖』	
	㉓	「煎餅屋引札」		梅素亭呂成記。	安田善次郎『近世・近代風俗史料貼込帖』	

分類		タイトル	成立年代	編著者など	典拠	備考
F双六	㉔	「草紙合高評双六」	安政3年	梅素亭玄魚稿、三世歌川豊国画。	実践女子大学所蔵	
	㉕	「千社参詣出世双六」		梅素玄魚書。	東京都立中央図書館東京誌料文庫所蔵	
G碑文	㉖	「一勇斎歌川先生墓」	明治6年	梅素玄魚書。	三囲神社境内	国芳の十三回忌に建碑。
	㉗	服部山蝶句碑	明治9年	梅素玄魚書。	三囲神社境内	山蝶は魚河岸の問屋の主人であったが、俳諧を嗜む文人でもあり、山蝶の三回忌に俳諧の友人などによって建てられた。
Hその他	㉘	『国芳雑画集』（全2編）	安政3・4年	歌川国芳画、梅素亭主人・珍聞閑人（武田交来）序。	悳俊彦監修・解説『国芳の絵本』二、岩崎美術社、1989年所収	一編の序文を玄魚が執筆。二編末尾に玄魚の句がある。
	㉙	「新吉原仮宅便覧」	安政2年	梅素亭玄魚画（応需）。		
	㉚	『粋狂奇人伝』	文久3年	山々亭有人・仮名垣魯文編、芳幾画、浄書宮城楓阿弥・武田交来。		
	㉛	『弓張月春廼宵栄』	嘉永4年～明治元年	楽亭西馬・仮名垣魯文作、国輝・国光・芳幾画、錦昇堂版。		一部の表紙を玄魚が描いている。
	㉜	『神田御祭礼番附』	文久元年	馬喰町森屋治兵衛版。国周画。	東京都立中央図書館東京誌料文庫所蔵	表紙に「玄魚」とある。

かる。ちなみに、武田交来は版下書きを職業とする御家流の書家で、前掲『粋興奇人伝』には「木挽町芝居附大茶屋高麗屋金三郎の男にして、俗性勝次郎と云」「宮城玄魚が門に入て傭書家となり、当時板下の書体頗る師と伯仲す」と記載されているように、玄魚の弟子といわれる人物である。

これらを一瞥してもわかるように、玄魚の関与した作品は多彩で量も多く、幕末維新期の文芸界に幅広く足跡を残しているようである。筆耕という職業の性質上、彼の足跡のすべてを把握することは不可能である。現在筆者が管見の作品のなかで、①～⑥以外の主なものをA著述・B地図・C錦絵・D大小暦・E

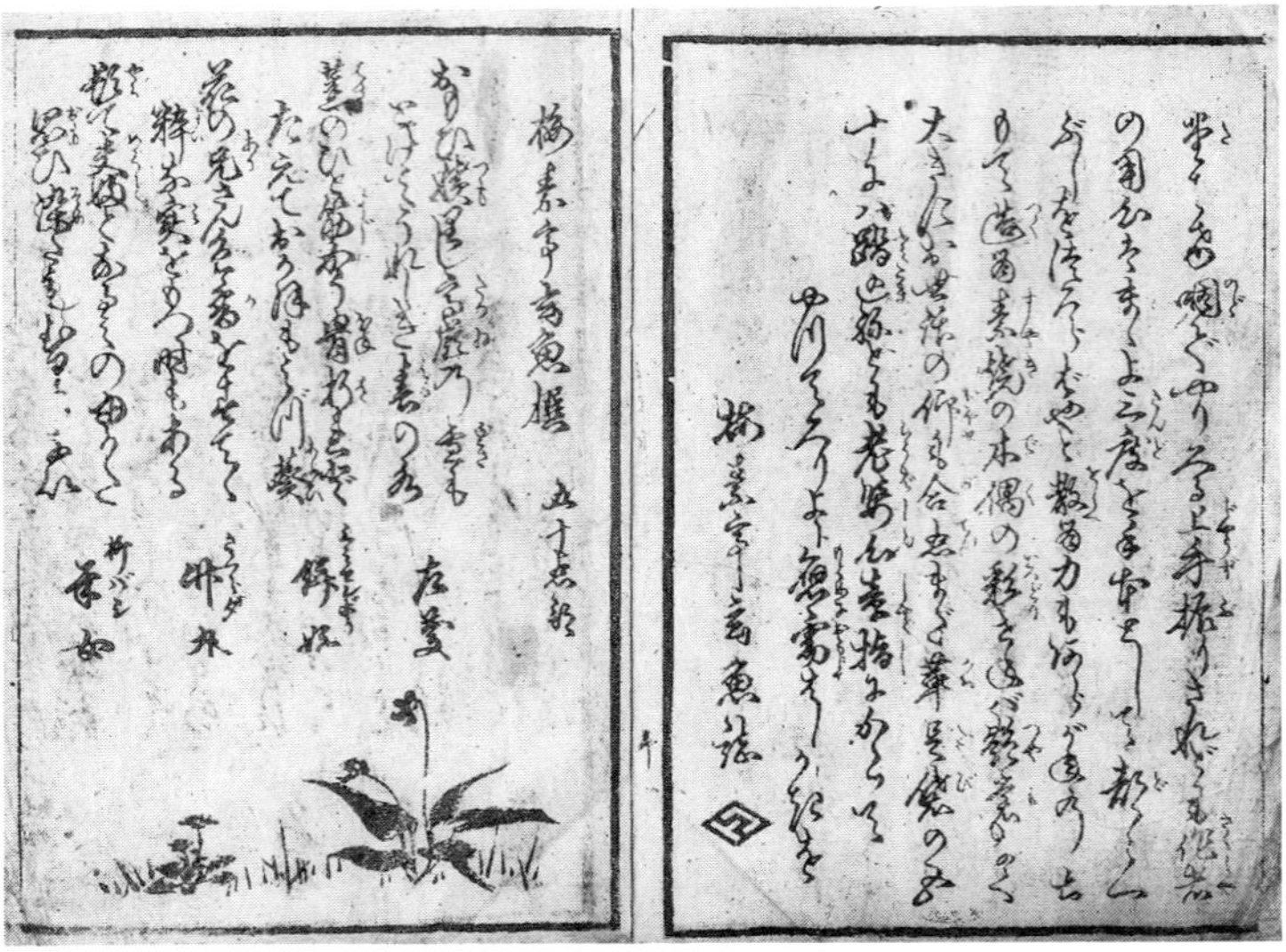

図30　梅素亭玄魚撰の狂歌集

引札・F双六・G碑文・Hその他に分類したのが、表7である。ここではA～Hについて、簡略に検討を加えていきたい。

A著述（⑦～⑨）

⑦で玄魚は第三編の序文を執筆している。魯文の出世作であるこの作品の序文を書いていることからもわかるように、玄魚は魯文の古くからの友人であり、魯文の活躍を見続けて来た仲間の一人であるといえる。⑧からは彼が晩年、明治の文明開化の渦中にあっても、従来の書をもって身を立てる姿勢を崩していないことがわかる。また、⑨は表題がないものの、玄魚の序文に続けて「梅素亭玄魚撰」とあることからわかるように、玄魚の編集した狂歌集なのである（図30）。こうしたところに句や狂歌にも造詣の深い彼の一面を垣間見ることができる。

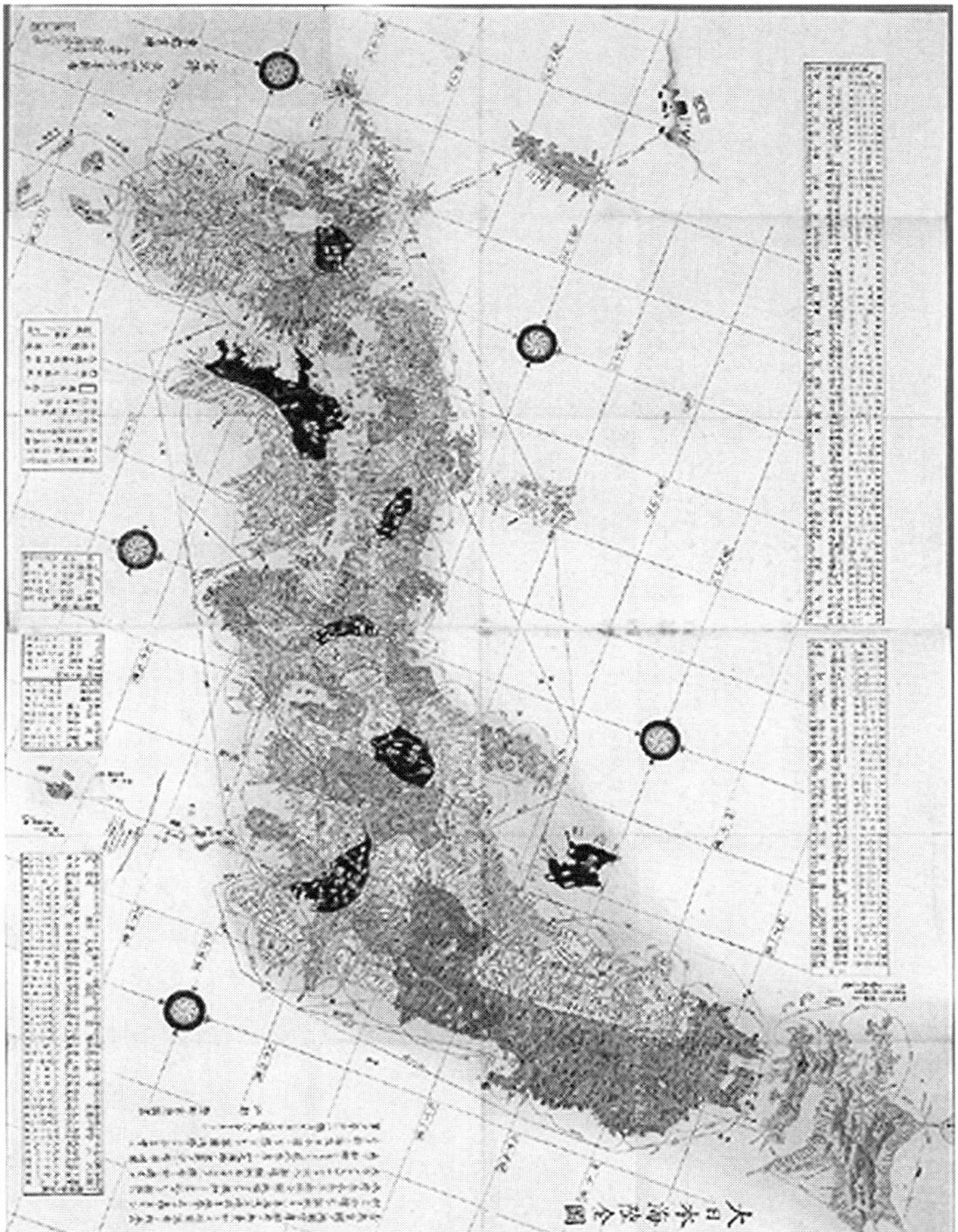

図31　大日本海陸全図

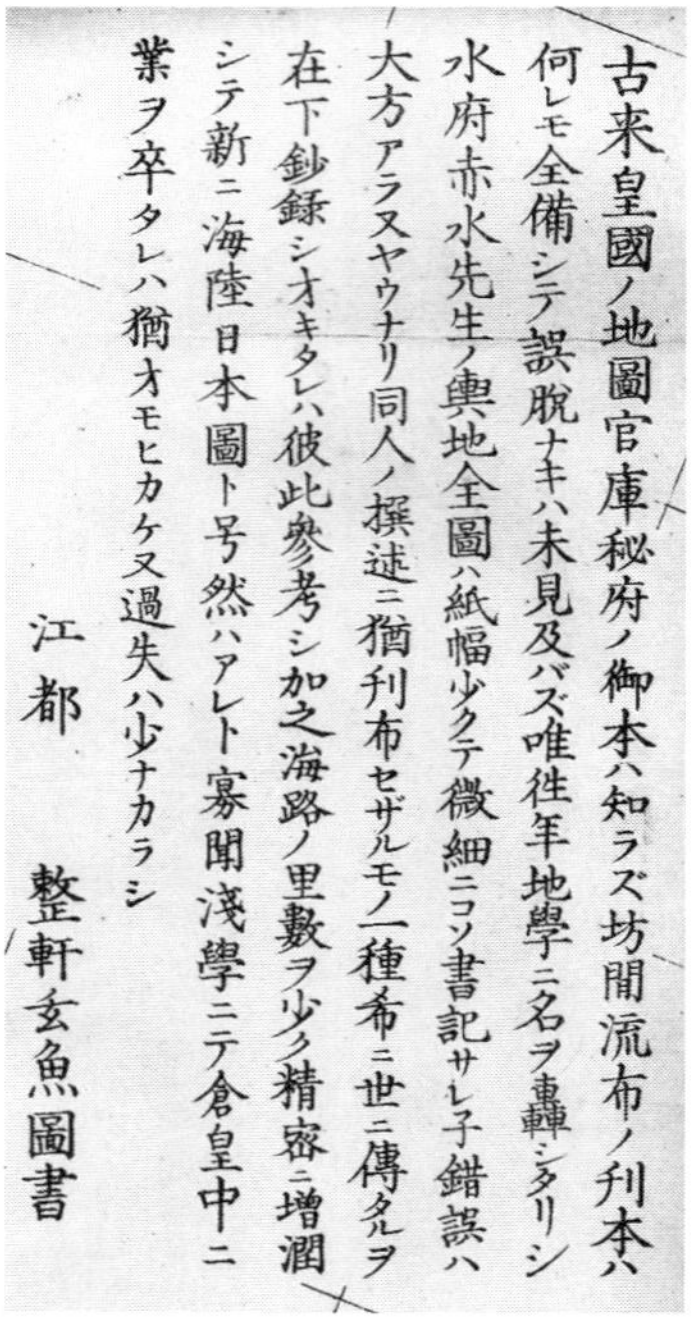
古来皇國ノ地圖官庫秘府ノ御本ハ知ラズ坊間流布ノ刋本ハ
何レモ全備シテ誤脱ナキハ未見及バズ唯往年地學ニ名ヲ轟シタリシ
水府赤水先生ノ輿地全圖ハ紙幅少クテ微細ニコソ書記サレ子錯誤ハ
大方アラヌヤウナリ同人ノ撰述ニ猶刋布セザルモノ一種希ニ世ニ傳タルヲ
在下鈔録シオキタレハ彼此參考シ加之海路ノ里數ヲ少ク精密ニ増潤
シテ新ニ海陸日本圖ト号然ハアレト寡聞浅學ニテ倉皇中ニ
業ヲ卒タレハ猶オモヒカケヌ過失ハ少ナカラシ
江都　整軒玄魚圖書

図31　大日本海陸全図（部分）

B地図（⑩〜⑫）

⑩・⑪両図はともに安永八年（一七七九）に刊行された長久保赤水の「改正日本輿地路程全図」を参考として、これに海路などを新たに書き入れて編集したものである（図31）。詳細な実測をもとにした幕府機密の伊能忠敬の「伊能図」とは異なり、赤水の日本図は従来の資料を検証して作成されたものであったため、類版が多く作成されて広く市中に流布することとなったが、これに一役買ったのが、ほかならぬ梅素亭玄魚だったのである。⑫を含めて嘉永年間という、玄魚としては初期にあたる仕事には、正確さが求められるこのような地図の作成が大きな比重を占めていたことは、その後の彼の活躍を考える上で注目に値しよう。また、⑪は恵比寿屋庄七を版元としていることを見逃してはならないだろう。後述のように、恵比寿屋にはパトロンとして神田塗師町の金物問屋紀伊国屋八代目の長三郎という存在があったのである。

C錦絵（⑬〜⑰）

玄魚は錦絵の制作にも関与している。⑬では目録のデザインを担当しており、詞書も彼によるものと思われ、「佃しま住吉の祭」の画中の幟に篆書で「安政四丁巳　住吉大明神　佃島氏子中　整軒宮玄魚拝書」と記している。彼は特に詞書の部分を数多く担当しており、これなどはその代表的なものである（ただし、原信田実氏は、絵と同一の幟は実在しないと考えるのが妥当との見解を示している。『謎解き　広重「江戸百」』）。そして⑮のように横浜絵も手がけていて、激動の世相に素早く対応しているのがわかる。おそらくこの他にも多くの幕末の錦絵に彼の足跡が見出せるものと思われるが、煩雑になるため、ここでは一部取り上げるにとどめておきたい。

D大小暦（⑱）

大小暦の制作は、かつて明和期に錦絵を生み出した絵暦交換会を想起させるもので、その背景に江戸趣味の世界の存在がうかがえ、自由な発想で意匠を凝らす玄魚の姿がみてとれる。また、彼はこのほかにも多くの歳旦摺物・狂歌摺物を残しているようで、書画会などの室内型文芸社会を基盤に活躍していたことがわかる。そしてこれら私的な摺物と連札・交換札の制作とが通底することはいうまでもないだろう。

E引札（⑲〜㉓）

⑲は文明開化の象徴の一つである牛肉の販売の文章を仮名垣魯文が書いているのだが、内田茂文が「この引札の版下は菱湖風の筆跡なれば多分は彼梅素亭玄魚の書なるべし」と述べている（「読売新聞」明治三十一年五月二十八日）ように、この筆耕は玄魚によるものと考えられる。文面以外に字や絵のデザイン性が要求される引札を得意とした彼の姿が彷彿とされよう。また㉑には「浅草三よし町の玄魚筆記」とあ

り、㉒には「東京浅草黒船町　梅素亭製」と記されていることから推測すると、彼は維新後化粧品類を商う店舗を構えていたのであろう。それを物語るものに、明治九年七月九日の『読売新聞』に掲載されたレモン水「寶泉」の広告がある。岸田吟香推奨というこの広告文には、「府下取次発売勉強所」として「浅草三好町　梅素亭玄魚」が挙げられているのである。これは吟香が明治初年に銀座で楽善堂という薬屋を開いて目薬を販売したのとよく似ている。つまり玄魚は岸田吟香とならぶ、明治初期のコピーライターでもあったわけである。

F双六（㉔・㉕）

彼は浮世絵師の戯画や見立双六のような娯楽性の高い絵にも意匠を提供しているようである。そうしたことから考えると、これに近接する領域の千社札に玄魚が筆を執ったことも首肯できよう。ちなみに、㉕の「千社参詣出世双六」には、「ふれば」虎ノ門（金比羅宮）・湯島天神・三囲稲荷・佃島（住吉大明神）・堀之内（妙法寺）・「婦連場（ふれば）」王子稲荷・根津権現・真乳山（聖天）・神田明神・回向院・酉のまち（鷲大明神）・亀戸天神・成田旅宿（深川永代寺）・愛宕山（愛宕権現）・目黒（目黒不動）・柳島妙見・水天宮（久留米藩有馬家上屋敷内）・山王社・増上寺・富ヶ岡（深川富岡八幡）・東叡山清水（東叡山内清水堂）・金龍山（浅草寺）の合計二二に及ぶ寺社が描かれている。これらが玄魚が納札活動家として活躍した時期の仲間内における代表的な参詣場所であったと捉えることができるわけで、興味深い。

図32　「千社参詣出世双六」

G碑文（㉖・㉗）

三囲神社境内に現存する㉖・㉗の碑文からは、玄魚が国芳門下の浮世絵師や、俳諧の世界などとの浅からぬ交流を知ることができる。また、向島百花園に現存する井上和紫の「紫の」の句碑（明治二十二年建碑）の裏面には、和紫の経歴が記されている。それによれば、和紫は天保十一年（一八四〇）に魚河岸の鷲屋という魚問屋に生まれ、十五歳のときに市場の世話役に就任し、「其頃宮城玄魚と深く交り同人の紹介を得て今紀文と称されたる山城河岸津藤氏に親み」とある。したがって、「今紀文」といわれた通人細木香以（津国屋藤次郎、一八二二〜七〇）に和紫を引き合わせたのは玄魚であったことになり、三人の交流のほどがしのばれよう。そして和紫は吉原や芝居に出入りし、俳諧をたしなむ文人で、「其人に交るや義俠の心を以てす、眞に魚かしの江戸子と称すへきなり」とあるように、義俠心に富み、「江戸ッ子」と呼ぶにふさわしい人物像であったことがうかがえる。この点は俠客肌といわれる玄魚と相通ずる要素であろう。ちなみに、森鷗外はその著『細木香以』において「文久元年の夏深川に仮宅のある時であった。香以は旧交を温《たず》ねて玄魚、魯文の二人を数寄屋《すきや》町《ちょう》の島村半七方に招いた」と記しており、仮名垣魯文との交流もこれに加えて考えることができる。

このように、碑文からみていくと、玄魚の周囲には幕末維新期の遊芸社会と、それにかかわる人々、とりわけ「いき」と「はり」をもつ江戸ッ子の精神を受け継いだ人物像が次々と浮かび上がってくるのである。

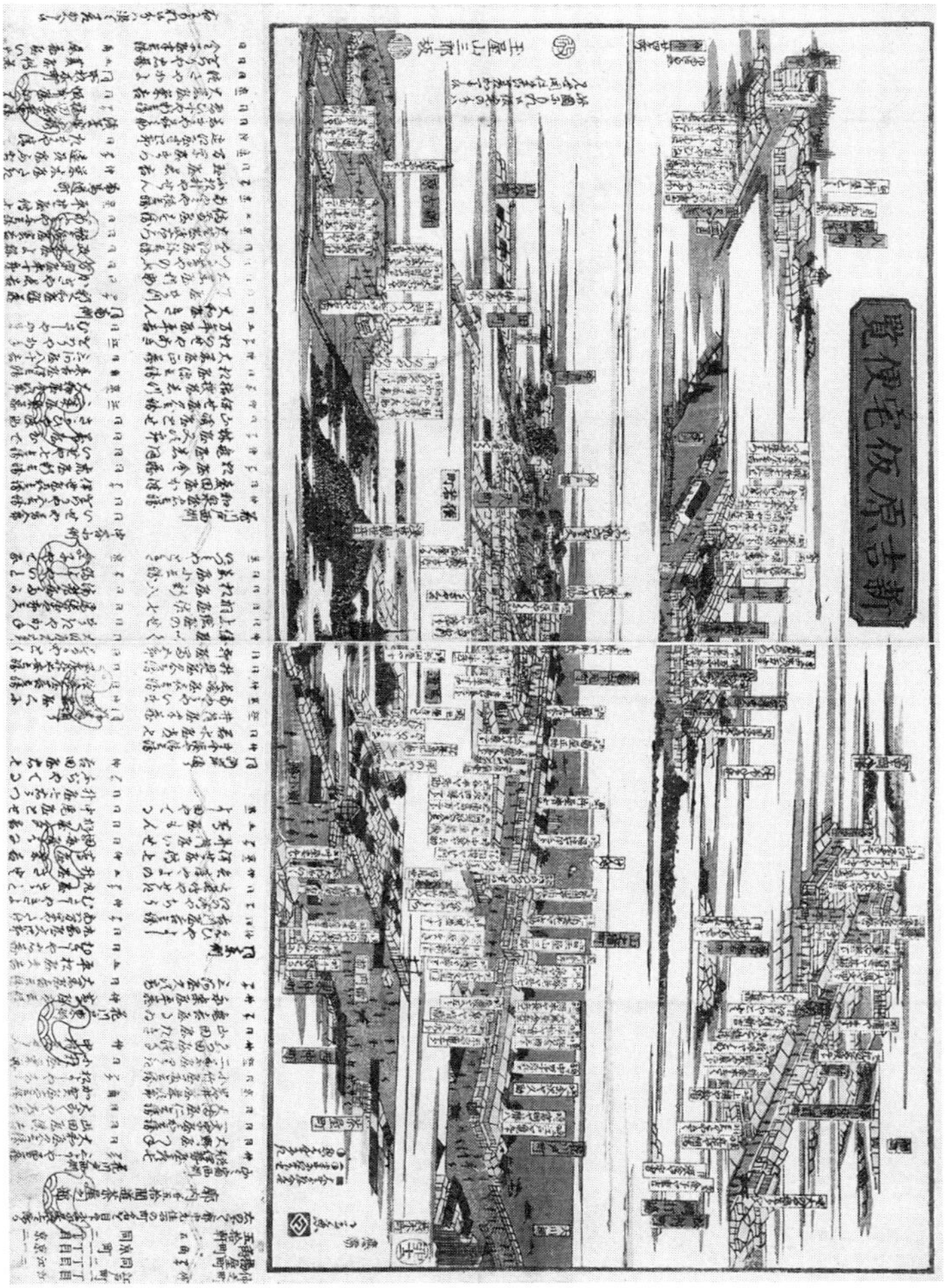

図33 「新吉原仮宅便覧」

図34　『粋狂奇人伝』　梅素玄魚

Hその他（㉘〜㉛）

㉘は歌川国芳の晩年の作品で、絵手本というべきものである。一編の序文を玄魚が、二編の序文を武田交来が執筆している。そして二編最終丁には大黒天の図とともに玄魚の「照り年や　黄金の雨を　稲の上」の句が添えられている。ここでも国芳との浅からぬ交流と、句をものする彼の素養がしのばれよう。

ところで、安政二年（一八五五）十月二日に江戸を襲った大地震によって焼失した吉原は、仮宅という町中での臨時営業を許可された。この仮宅営業は通常と異なって格式張ることがなかったので、非常に繁昌したといわれているが、㉙の「新吉原仮宅便覧」にはこのとき盛況であった仮宅の分布が示されている。

このほか、仮名垣魯文・山々亭有人作、歌川芳幾画の㉚『粋狂奇人伝』（文久三年刊）に玄魚の肖像画が掲載されている（図34）。『粋狂奇人伝』は文久から維新前後にかけて流行した三題咄の会、「酔狂連」が中心となってまとめたもので、そのメンバーには仮名垣魯文・歌川芳幾ら戯作・浮世絵界のほか、瀬川如皐・河竹黙阿弥や柳亭左楽・春風亭柳枝・三遊亭圓朝など、歌舞伎界・落語界の面々が多く名を連ねている。そもそもこの会は、山々亭有人と梅素亭玄魚が文久初年（一八六一頃）に馬喰町の料亭松本で三題咄の試演会を開いたことに始まるという（興津要『仮名垣魯文』）。そして同書の奥付をみると、編者が山々亭有人・仮名垣魯文、画工が一恵斎芳幾、浄書が宮城楓阿弥（すなわち玄魚）・武田交来、版元が丸屋徳蔵となっていることがわかるのである。また㉜からは、神田祭礼との接点もみえてくる。

ちなみに、淡島寒月は明治十年前後を回顧して、「劇評では六二連《ろくにれん》の富田砂燕《とみたさえん》という人がいた。この人の前には梅素玄魚という人がいた。後にこの人は楽屋白粉《がくやおしろい》というものをつくって売り出すような事をしたものである」と述べている（『梵雲庵雑話』）。寒月の言によれば、玄魚は明治初期に劇評で名を成し、前述のように化粧品販売業にも進出したようで、劇評や「楽屋」の名称から歌舞伎界との深い関係がうかがえるのである。

こうして玄魚の著作などを通して、彼の活躍した世界や交友関係が浮き彫りになってきた。以上の足取りをまとめると、大経師としての技能や和歌の素養を父から学び、少年時代に書画骨董の世界に親しんだ玄魚は、持ち前の手先の器用さから嘉永年間に地図の制作や建具の詳細な描写などを行い、安政期以降は筆耕の傍ら滑稽本や読み本・啓蒙書などの序文、錦絵の詞書に筆を執るといった文才を発揮したほか、錦絵や双六などに意匠を提供し、ときには大小暦や摺物などの私的なものにも自ら絵筆をとるといった、幕末の文芸界に大きく活躍の場を見出した人物だといえる。そして維新後も浅草三好町に化粧品の店を開き、自店の引札に加えて乞われるまま他の商家の引札にも文才を発揮する道を切り拓いたのである。それゆえ彼の交際範囲は広く、出版業界のみならず、吉原・戯作界・浮世絵界・歌舞伎界・落語界、狂歌・川柳を含めた俳諧や和歌の世界、さらには町火消なかんずく鳶や建築関係の職人層にまで及んでいる。このような広い交際範囲を背景に、自らが意匠を提供する作品が幕末・維新期の江戸東京の文化社会の一翼を担ったことは想像にかたくない。言い換えれば、梅素亭玄魚は幕末・維新期のいわばメディアプロデューサーの一人であったということができよう。そして彼が活躍する交友範囲と、表6でみた納札界における活動家の受容層とが合致する事実は、納札文化が寺社参詣を母体とした従来の貼り札中心の活動形態から新たな方向性を見出し、飛躍を遂げていることを意味していたのである。

ここで注目したいのは、玄魚と斎藤月岑との関係である。月岑の代表的な著作のひとつに『武江年表』がある。これは正編八巻が須原屋から嘉永二・三年（一八四九・五〇）に各四冊、続編四巻が月岑没後の明治十五年（一八八二）に甫喜山景雄によって活版印刷で刊行され、そのうち正編八巻の末尾には、「去歳発行せる前輯四巻の内備書の誤れるもあり。自己の誤れるも多し。いさゝかこゝろつきたる件を左に挙ぐ」として、月岑は前年に刊行した一～四巻の訂正箇所を挙げているが、最後に「后輯四巻備書　宮城呂成」と記して結んでいる（国立公文書館所蔵本を参照した。他に所蔵されているものにはこの部分がないものもあり、嘉永三年十一月の初版本のみに記されている可能性がある。今後の検討をまちたい）。備書とは作者の草稿を浄書して版下を作成する筆耕のことをいうことから、宮城呂成、すなわち梅素亭玄魚は月岑の原稿を版木に起こす筆耕作業に従事していたことがわかる。

もちろん、これだけでは出版という仕事上の付き合いと解せなくもない。そこで次に両者の私的な関係をみてみよう。同書後編の慶応四年（一八六八）の項で月岑は、春に両国橋詰に足芸女の見世物が出たことを取り上げ、「按ずるに、昔もありしもの也。友人楓園がもちたる二三枚折の屏風、寛永の頃の図に、四条河原の見せ物に足芸の女あり、足の指にて矢を射る所を画けり。其の図は縮して『声曲類纂』に収めたり」と述べている。そして実際に『声曲類纂』巻之一下には、長谷川雪堤の模写した図が掲載されているのである。さきにみたように、楓園も玄魚の号の一つである。このことから、月岑と玄魚との間には、かねてより友好関係が存在していたことが知られよう。そして同時に玄魚は寛永頃の京都を描いた屏風を所持していたことがわかるのである。かつて納札界を自らの帰属する上層町人とは別の、「中人以下」を主要な構成員とする世界に位置づけた月岑であるが、玄魚に筆耕を依頼しつつ彼の才を認め、文化的交流を重ねていたことが推測できるのである。

図35　梅素亭玄魚墓（谷中墓地）

このように千社札特有の文字を創始したとされる玄魚は、各連が互に意匠を競い合う幕末の納札界において、おそらくはこの世界を牽引・主導する重要な役割をはたしていたと考えられるのである。

なお、玄魚の晩年の住居は、高村光雲が「黒船町《くろふねちょう》へ来ると、町が少し下って二の町となる。村田の本家（烟管屋《キセルや》）がある。また、榧寺《かやでら》という寺がある。境内に茅《かや》が植わっていた。それから三好町《みよしちょう》、此所には戯作《げさく》などをした玄魚《げんぎょ》という人のビラ屋があった」（『幕末維新懐古談』）と述べていることから考えれば、ビラ屋を出していた三好町であり、光雲はあえて黒船町とは区別して述べていることに注目したい。「榧寺」の通称のある正覚寺の北側は御蔵前通をはさんで黒船町であり、その南側が三好町であった。玄魚の住居の記述に双方の記載が混在するのは、正覚寺の正面にあたる三好町と黒船町の境辺りに住居があったと考えられないだろうか。ちなみに、玄魚は現在谷中墓地に眠っており、ご子孫の方も彼が晩年どこに住んでいたのかは不明であるという。

（二）　仮名垣魯文

魯文と千社札とのかかわりは、『神社仏閣納札起原』を著したことによってつとに知られている。この書は楓園玄魚、すなわち梅素亭玄魚の口述をもとに魯文の筆致で綴ったものである。内容は寛政十一年（一七九九）成立とされる『題名功徳演説』の「硬きを取て。和くる」のを意図して編集されたことは、彼自身が記しているところである。「天愚孔平」の知恵を援用して編集された『題名功徳演説』の成立年代である寛政期からすでに半世紀余がたっており、内容が硬いと感じられるほどに受容層も変化していたのである。この間には歌川派に代表される錦絵の流行と技術の飛躍的発展があり、これらを支えた職人層と、安政大地震後の復興景気を受けて所得を大幅に増やした土木建築関係を中心とする職人層を構成員に迎えた幕末期の納札界には、新たな「教科書」が必要となったわけである。それまでの武士階級の教養を基盤に組織された時代とは質的に変化しており、『神社仏閣納札起原』刊行の背景には、受容層の裾野を広げたこの時期に納札界の再構築が渇望されたことを示している。そして再構築された納札界の新たな頭脳となってこれを主導した存在こそ、梅素亭玄魚であり、玄魚のプロデュースのもとに交際の深かった仮名垣魯文が筆を執ったものと解せられるのである。

ところで仮名垣魯文（一八二九～九四）といえば、江戸京橋の魚屋の長男として生まれ、やがて「談笑諷諫滑稽道場　御誂案文著作所」の看板を掲げた人物として知られており、安政大地震の際には三昼夜で『安政見聞誌』三冊を脱稿するという快挙を成し遂げたとされている。そして万延元年（一八六〇）に照降町の恵比寿屋（庄七）から刊行された『滑稽富士詣』を出世作として、幕末維新期のジャーナリズムに大きく貢献した人物である。国芳門下の芳虎の挿絵を盛り込んだこの『滑稽富士詣』には、貼り札に興じる次のような場面が描かれている。

（前略）跡よりぶら〳〵剛力もたのまぬ身軽の三人づれ。ひとりハ肉食俗心のあたまはかりの青坊主蝦夷服仕立の帷子を着し絵絹に自画賛の山水狂詩を薄墨にかきちらし。ちいさき頭陀袋をくびにかけ

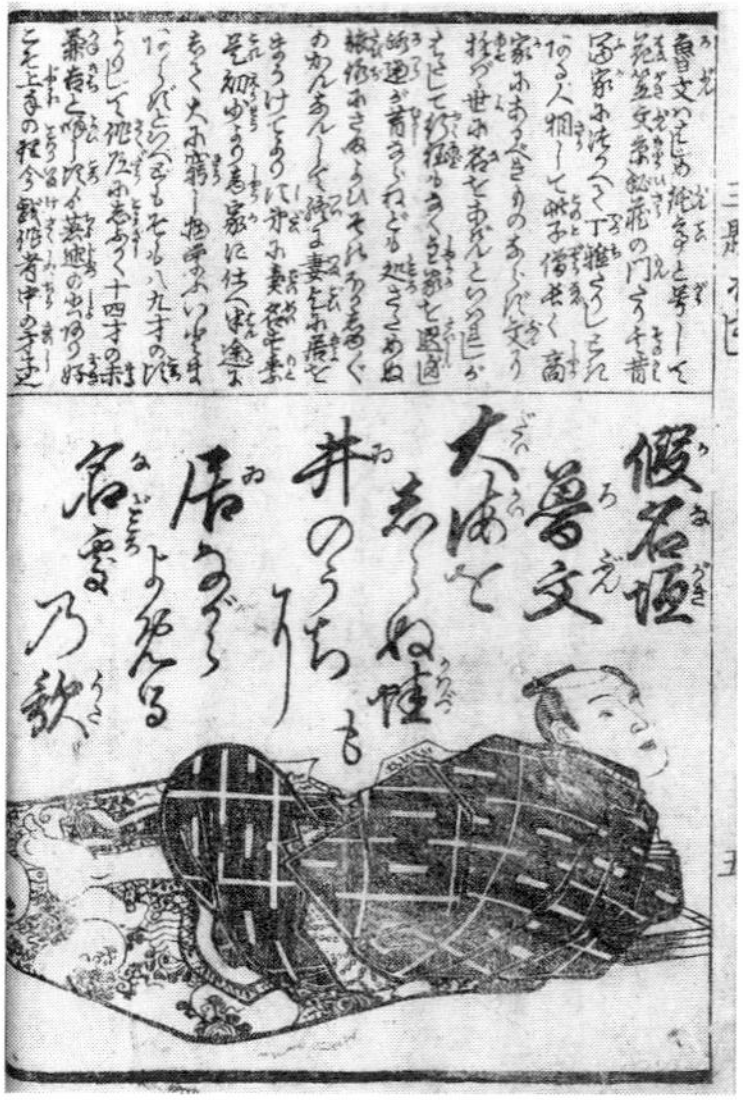

図36 『粋狂奇人伝』仮名垣魯文

銕如意をこしに帯あかざの杖に笄笠あとのふたりハ居職と見えて。いなせでじミた拵へなれど。いかなることにやちいさきはこを肩よりはすに紐でかけ両人ながら一本づゝふりだしのつなぎ棹をミぢかくたゝんでこしにさしあたりをきよろ〳〵見まハして社祠に目付る是なん近世流行の。千社まゐりの張札れんといハねどそれとしられたり題名ハ（日本坊）にほんばう（普陀楽）（ほら吉）と納札にしるしたるをおの〳〵取だし往来のすこしとぎれしひまに傍の小社へ手早く張つ行過ながら（らく）「ヲイ〳〵日本坊〳〵そんなに迯ださずといゝといふに。気の柔い和尚だぜ（日）「ナニ迯てたまるもんか楽書でもじやアしめへし。おいらア小便がしたくなつたが。場所がねへから見付やうと思つてヨ（吉）「かまアこたアねへそこらへ立てひよぐるがいゝやナ（日）「ヲツトある〳〵此木うろへたれこまうトうろのなかへシヤア〳〵〳〵とひよぐりながら木のうろを見やるに。幹の皮をけづり何やら楽書してあるを見つけ（日）「コウミな。この木に八九かつや竜浅のらくがして有がアノ手あいハまだふじへハさんけいをしやアしめへ（らく）「アゝこりやア去年下谷の染七が登山したとき彼奴が書たのだらう（吉）「楽がきをさせちやアしば善や琴二ハうめへのウ（日）「札の思ひ付や書やうのすごいのハ浅草の玄魚サ（らく）「そうヨアノ先生もいぜんハ札張の連中サ（吉）「アノ田キサとしてあるのがそだらう。

ここに描かれている巡礼姿の日本坊と、いなせな普陀楽・ほら吉が、札を入れた下箱を肩からかけて振出し竿を持つさまは、現在行われている千社札を貼るスタイルそのものである。「近世流行の。千社まゐりの張札れん」とあるくだりは、この頃再び貼り札が流行したことを伝えている。したがって、前述のようにスタイルが確立され、多くの職人層に支持された千社札は、幕末にあっては技術・手法を貼り札にも還流させ、以後双方の相乗効果で文化的展開がなされていったと考えられる。そしていなせな二人を登場人物に仕立てていることを考えれば、侠気に富んだ職人層が納札界に少なからず存在するという社会的認識を、多くの読者に共感をもって受け止められたと推察されるのである。

ここで話題にのぼる納札家は「八九かつ」「龍浅」「下谷の染七」「しば善」「琴二」で、いずれも巻末の別表3にみえる面々である。魯文は彼らに玄魚の札のデザインや字体が斬新であることを登場人物に語らせている。そしてこれより少し前の時期に玄魚が貼り札を盛んに制作し貼り歩いていた事実が明らかとなるのである。また、挿絵中の樹木には「八九勝」「田キサ」と記されている。巻初には「日本坊　仮名垣魯文戯編」と記している部分があることから、魯文は自らを貼り札も行う活動家であると自任し、登場人物に加えていることがわかる。

一方、明治四年（一八七一）刊行の『西洋道中膝栗毛』にも納札を話題にした次のような場面がある。（北）「イヤサ、東京の千社連（千社納札とて、神仏の社堂え、題名の札をはりあるく輩を云。）から頼まれた田蝶。大間富。片長。若手なんぞの牌を、外国え渡ツて寺や堂が在ツたら、やたらに張ツてくれろ、とよこしたが、こゝらへ四五枚、張ツてやらうか。（通）「ヲヤ、千社参りが未に流行するのかネ。（弥）「なにサ、流行といふほどでもねへが、東京じやア、浅草の瓦町え近頃出来た若手といふ待合茶屋で、納札交易の会があるそうサ。（通）「全体納札は、支那の韓退之が古事から起ツて、我朝じやア、百年ばかり以前、天愚孔平といふ儒者が、はじめたことだから、まんざら本据のねへことでもねへが、近頃の千社参りは、信心はそツち除で、無芸無能のくせに、納札で売名して、何処の何某とか、他に知られるのを誉にするから、おほ笑ひダ。…（中略）…（北）「当時納牌筆じやア、三好町の田蝶にかぎるの。（弥）「全体田キサ（梅素玄魚）が得手だツたが、近頃株を田蝶に譲ツて、千社連を遠避サ。（北）「玄老は近年の傭書師だ。書画ともに器用だから、年中机のまはりを取巻かれて、千社札なんぞを書イてゐるひまは、ありやアしねへ。

右の会話からは、①明治初年の東京において、少し前に流行した千社参りの貼り札活動が下火になりつつも、納札交換会が行われていること、②「天愚孔平」によって納札の体系化・理論化がなされてから八〇年以上経った当時、受容層が変化して信心よりも売名を主眼とする連中が多くなり、組織が緩んでいること、③書画ともに巧みな梅素亭玄魚は、筆耕や原稿の依頼に追われて納札に筆をふるう暇がなくなり、

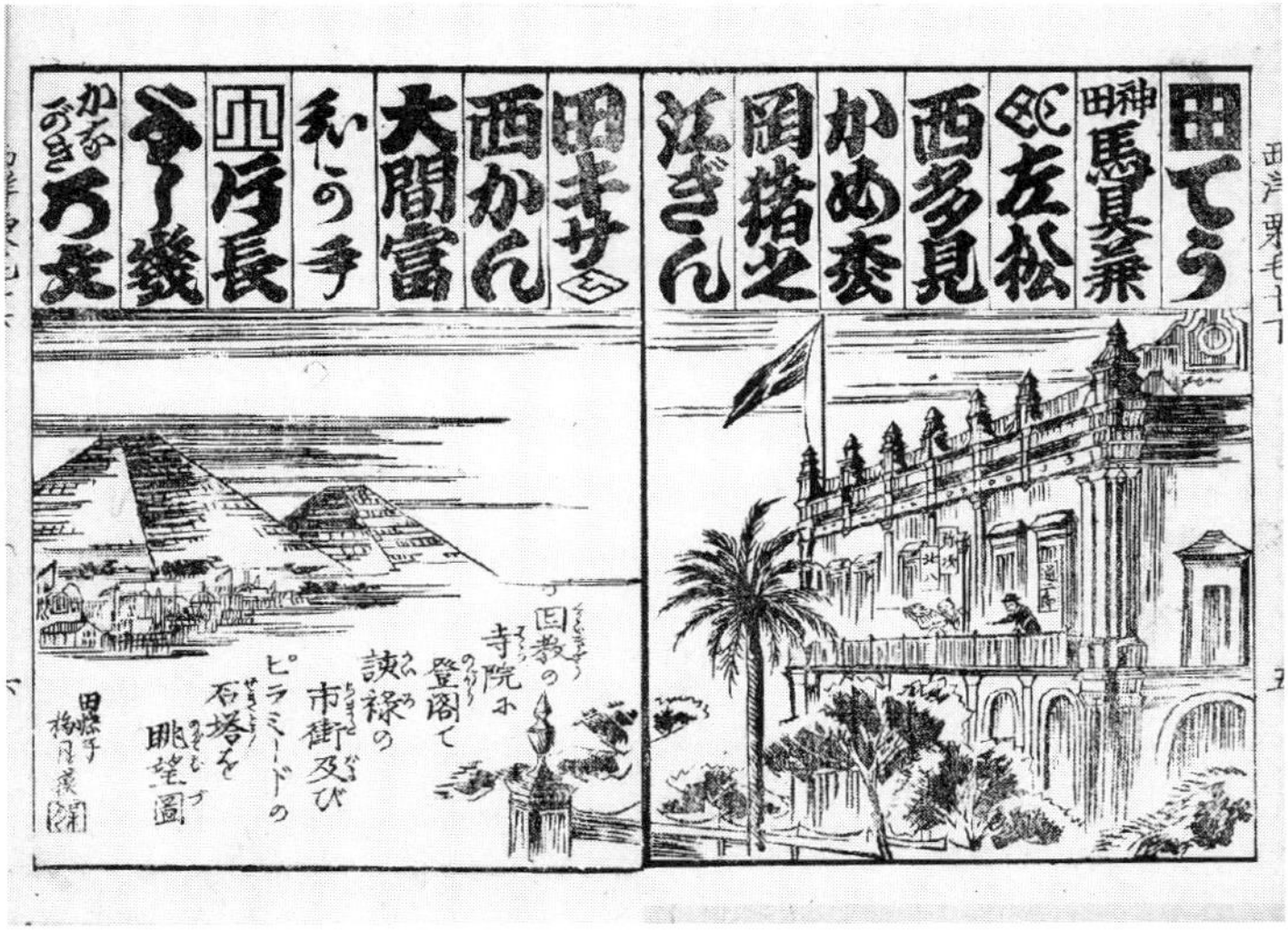

図37　『西洋道集膝栗毛』拾編下　挿絵

千社札に揮毫する活動家は、「田キサ」から「田蝶」へと世代交代を遂げていることなどがうかがえる。また挿絵上部に「田てう」「神田　馬具兼」「（神田の連印）左松」「西多見」「かめ金」「岡猪之」「江ぎん」「田キサ（印）」「西かん」「大間富」「（和カ）か手」「（連の印）片長」「よし幾」「かながきろ文」の題名があって、当時活躍していた活動家を示しているものと考えられる。そして挿絵に回教の寺院とピラミッドを描いているのは、「田蝶」である。これらの題名はいずれも前出の貼込帖A～Dの連札中や別表3にみえている。

魯文の交際も玄魚同様に広範囲に及んでいた。魯文の弟子野崎左文によれば、彼はすでに少年期に前述の細木香以と知り合い、戯作者や狂歌師・俳諧師のほか、遊郭や芝居と馴染みの深い人々と広く交わっている。そして彼が花笠文京の門に入って戯作の道を進むきっかけをつくったのも香以であった。香以は梅素亭玄魚とも親しく、そもそも魯文が「鈍亭」を「仮名垣」と改めたのは、文久年間に笠亭仙果と玄魚によって名づけられたからだといわれている（『仮名反古』）。すなわち、笠亭仙果は自宅を訪れた魯文にむかって、初代柳亭種彦の『正本製』三編「当歳積雪白標紙」の挿絵に歌川国貞が描いた「赤本入道仮名書」が、当時剃髪した髪が伸びかかっていた魯文の姿によく似ていると言い出し、そこへ来合わせた玄魚がこれに同意して、その場でこの名が付けられたのだという。

右は魯文の実態を熟知する人物の言として貴重なエピソードであるが、このような交際範囲は玄魚のそれと重なり合うところが大きく、玄魚との合作である『神社仏閣納札起原』は、納札界に新たな境地を見出すこととなった。そしてそれは同時に、彼らの新しい文化創造の一つとして納札界を導いていく決意表明とも考えられるのである。

（三）「田蝶」

「田蝶」は本名を竹内善次郎（一八三二〜八二）といい、浅草田町で代々上総屋という提灯屋を営み、彼はその十代目にあたる。彼は本業の傍ら十代の頃には歌川国芳に弟子入りして芳兼を名乗り、一好斎・万字斎などの号をもっていて、嘉永五年（一八五二）刊行の往来物、『物嗅状』の挿絵などが知られているようである。概して器用多趣味な粋人で、俳諧なども嗜み、在久・梅月とも号した。彼の子息が明治期を代表する木彫りの彫刻家で集古会の中心メンバーの一人でもあった、竹内久一（一八五七〜一九一六）である。

ここでは久一が同じく集古会の中心メンバーである林若樹に語った言葉をもとに、「田蝶」の人物像をみておこう。内容は主に彼の生い立ちや国芳とのかかわりなどであるが、なかでも興味深い点は次の五点であろう。

①十七歳で国芳に弟子入りし、当時師匠から名をもらうときは二百疋（＝金二分）の祝儀金を払う慣例であったが、彼は芳兼の名を祝儀金を払わずに頂戴し、そのうえ他の弟子のように呼び捨てで呼ばれることがなかったほど、師匠の優遇を受けていた。②先代が「田張」であるのを「田蝶」としたのは、遊び好きで蝶のごとくひらひらとどこへでも飛び歩くさまを表している。③恵まれた体格で侠気に富んでおり、負けず嫌いな性格で恐れられた。④幼少より名人の才を発揮し、十六歳のときに祭礼の大提灯に漢画家堤等琳の下絵を精細に描き写した。⑤四十歳のときに家業の提灯屋を廃業し、錦絵も描かなくなり、専らビラを描くのを業とした。錦絵を廃業したのは、歌川豊国の弟子国春（国晴）が国芳門下に鞍替えして芳盛を名乗ったことに憤慨してのことという（『若樹随筆』）。

右のうち、維新をむかえた四十歳前後を境にビラに筆を持ち替えているところに注目すべきである。これによって「田蝶」は幕末期を家業の提灯屋で書の世界に、また国芳門下の浮世絵師芳兼として錦絵に活躍の基盤をおいていた（なお、竹内久一は、国芳の「一筆かきや一寸の思いつきは親父の芳兼に伝はった」と分析している〈「集古会誌」大正二年巻五〉のだが、維新を機に広告業界に新たな活路を見出したことがうかがえるのである。

彼と玄魚との関係は、集古会員石井研堂の言葉によって明らかである。すなわち、「田蝶は、その考案者として名あり。浅草田町の提灯職より、その名生まる、梅素玄魚の門に入りて籠字の妙手なり。晩年剃髪して梅月と号す」（『明治事物起原』）と述べて、「田蝶」は玄魚の薫陶を受けて籠字で名を成したことを伝えている。前述のように、玄魚のあとを継いで納札界を主導していく時期が明治初年とみられ、その後彼は書画双方の世界で培った技法や意匠をもとに納札に新機軸を打ち出していったものと思われる。

以上のことから、千社札特有の文字の確立や、明治と時代が変わってもなお納札界を江戸趣味の気風を継承する文化社会に導いたのは、ほかならぬ「田蝶」であったと推察される。事実、彼は明治十一年に「遊食会」という、毎回題を出して一点ずつ食物を持ち合って皆で批評しながら賞味する会を主催している（清水晴風「玩具研究の動機及び蒐集苦心談」）。この会は清水晴風に玩具研究への関心を高めさせる端緒ともなり、のちの集古会の原点ともなったのである。

（四）「馬具兼」

ここで特徴的な活動家として「馬具兼」を取り上げたい。彼については、清水晴風の記述に詳しい。晴風は両国橋東手などに迷子の知るべ石を建てた活動家、内神田皆川町の錺職、兼保半次郎を取り上げる一方で、これと好一対の名物男として「馬具兼」に注目している（『神田の伝説』）。これによると、「馬具兼」は幕末に外神田旅籠町に住み、諸侯の馬具の御用を務めた三河屋（小泉）兼吉という人物で、当時の納札界では神社仏閣に彼の札が貼ってないと寂しく思われるほどの活動家であったようである。また彼は納札以外にも手拭や額の奉納に熱心であったという。「田蝶」とは懇意で、晴風の父とも交流があり、晴風は「馬具兼」の負け惜しみの強い人物像について語っている（『集古会誌』大正二年九月十五日号）。

幕末期には折からの軍需によって馬具の商売が繁昌し、華美な生活を送っていたという晴風の証言からは、軍需産業ゆえに動乱の時代をむかえて懐具合の良くなった「馬具兼」が納札にのめりこんで行ったことをうかがわせる。彼もまた混乱の幕末という世相を追い風にした時代の申し子であったといえよう。

四　幕末維新期における納札文化の構造

『題名功徳演説』と『神社仏閣納札起原』

筆者は第一章において、『題名功徳演説』は、明和・安永年間以降江戸で流行をみせた千社参りを巡礼納札の論理と結びつけ、新しい文化社会を構築する理論的支柱となったことを述べた。では、それから七〇年ほどを経た安政五年（一八五八）に新たな解説書・理論書として出された『神社仏閣納札起原』との違いはどこにあるのか。ここではまず両者の内容について比較検討してみることにしよう。

そもそも『題名功徳演説』は、以下に挙げる内容から構成されていた。

①龍水散人の序。

②花山院によって始まったとされる納札の由緒。

③題名することの功徳と効用についての解説。

④中興の祖「天愚孔平」の業績と略伝。

⑤「天愚孔平」の札と漢詩の紹介。

⑥当時の主要な活動家を挙げた「衆牌次第」。

一方『神社仏閣納札起原』の内容は、次の一四に分けられる。

①「同業の修行者」萬石亭積丸による序文。

②「花山法皇熊野権現の霊夢を蒙り給ふ」の挿絵。

③水僊（仙）子、すなわち梅素亭玄魚による、秩父二十九番笹戸山長泉院に伝わる花山院の石摺の御判の模写。

④『題名功徳演説』の引用による、納札の利益と花山院以来の札所巡礼につらなる由緒。

⑤巡礼の挿絵（画中に「芳盛画」とあり）。

⑥その当時存在していた応永以来の古札の紹介。

⑦千社納札の光景の挿絵。

⑧『耽奇漫録』に掲載の「日本回国六十六部縁起」の内容。
⑨同書掲載の六十六部の札と、昌平橋の本屋で発見したという札の紹介。
⑩「千社納札の盛んとなりし起原」を説き、中興の祖「天愚孔平」の略伝と札の紹介。
⑪「天愚孔平」以後の納札界の状況。
⑫「千社替札連中集会群集之図」の挿絵。
⑬「千社詣納札掟」。
⑭「神社仏閣古人衆牌題名縮写」として以下に納札題名を列挙。

前者『題名功徳演説』についてはすでに第一章で触れているので、あらためて述べることは避けたいが、巡礼納札との関連を指摘し、題名納札の効用を説くとともに納札行為の精神性が強調され、中興の祖「天愚孔平」の業績を讃える理論書となっている。これに対して後者『神社仏閣納札起原』は、前者からの引用部分が多く、寺社に札を貼ることを主眼として述べているなど、内容的にもその骨子を受け継いでいる面が強い。

しかし、注目したいのは次の相違点である。それはまず挿絵や納札の模写といった、資料性に富んだ図版の掲載である。『題名功徳演説』で図版というべきものは、「天愚孔平」の札と肖像しか掲載されていなかったが、『神社仏閣納札起原』ではこれに歌川国芳門下の芳盛による挿絵数点が加えられ、巡礼納札の模写数点も紹介されている。そのうえ、納札界のあゆみや貼り札の際の掟が掲載されていることは実に意義深いものである。そして何よりも精神論臭さが抜けたものとなっていることは、「納札よりらく書のかた古かるべし、証とすべき題名諸社にあれとも故有て爰に記さず」と述べて、落書きが納札に先行して行われていた事実を指摘している点からもうかがえる。

このように『神社仏閣納札起原』は、序文に萬石亭積丸（戯作者、笠亭仙果）がうたっているように、『題名功徳演説』にみられる精神論に傾斜した堅苦しい理屈を平板かつ簡略に示し、資料性を豊富に備えて魯文の軽妙な筆致で綴った書であって、まさに納札活動家のための実用書として幅広く機能していたと考えてよいだろう。そしてその背景には、さきに検証した当時の納札界の受容層が質的に変化を遂げている実態があったのである。この点に関しては後述のように、歌川国芳一門を中心とする人脈が彼らの活動に大きな影響を与えていたと思われる。

魯文はこの書で「天愚孔平」以後の納札界の変遷を次のように記している。

天愚公三世大福の基を開きてより、題名納札の事都鄙遠近に流布して諸人先生の颦に習ひ、信者日を追て倍し、文化の年間に至り初午稲荷廻り巳待弁天廻り地蔵廻り八十八ヶ所題名納札専らにして三十間堀銀市の家にて題名の人々始て集会せり、されども此頃ハ納札交易の事ハなかりしが、その後上野摺鉢山にても集会す、文政度に至り連札といへるを始む、桜連、一一連、輪法連、巴連、擬宝珠連、虫喰連など唱へて題名の札印を同じふす、或ハ東海道五十三枚続三社廻り等の連札を製し下谷広小路福山といへる茶亭にて替札の事を催せり、天保のはじめ、八角連大ひに弘がり替札のこと盛んにおこなハる、其頃の集会所伝聞のまゝ左にしるす、

永代橋高尾茶屋　　今川橋　　山の井茶亭
薬研堀家号不知茶亭　　御蔵前　　高砂茶亭
駒形東雲亭　　神田松下町　　信楽茶亭
麻布一本松家号不知茶亭　　下谷広小路　　丹波屋茶亭

銀市宅で集会したのは、実際には寛政十一年（一七九九）四月八日のことといわれている（『千社札』）ので、この部分は誤りと思われるが、当初の貼り札に加えて交換札が生まれ、文政以降「連」の登場とともに連札が始まった事情を簡潔に示している。そして彼らが集った茶屋・料亭の名が記されている。東海道五十三次を画題にした全五三枚に及ぶ連札をはじめとする意匠を凝らした交換札・連札は、まさにこうした場所を舞台に展開したのであり、納札界は貼り札にみる寺社の境内などを中心とするような、活動の舞台を野外に求めるこれまでの行動文化の世界から発展して、文政・天保期以降の茶屋・料亭の隆盛に支えられた室内文芸にも活躍の場を広げていったことがわかる。

茶屋を借りての交換会については、関岡氏が嘉永・安政期に月に五・六回も開催されたことを述べ、とりわけ安政大地震後に収入機会を増やした職人層が多く連に参入していた事実を挙げている（『江戸コレクション　千社札』）。そこで次に室内文芸と安政大地震との関連性について考えてみよう。

室内文芸と安政大地震

そもそも室内文芸といえば、大小会や書画会が連想されるが、当時江戸では名弘会《なびろめかい》・花会《はながい》などが盛んに行われていた。幕府は芸事の襲名披露などが茶屋にて盛大に行われる実態に対し、華美な摺物の配布などを度々禁止しているのだが、その一方で文政八年（一八二五）十二月には次のような町触を出している。

口論中直り大行ニ致間敷儀ハ、町役人一同相弁罷在事ニ候得共、近来町々ニ而若者世話人抔と唱候者共、所々口論中直取扱ひ、茶屋々借請大行之義有之由、其上右入用所々江無心申掛、又ハ小前之商人共等迄江も、日掛積銭抔相頼取集来候由、花会無尽之儀度々厳重申渡も有之候処、兎角相弛候由、右躰紛敷取集事決而無之様、名主支配限夫々名前之響候者ハ勿論、右ニ不携候共、火消人足頭取共抔江も申含置、已来花会は勿論口論中直り入用ニ事寄、無心等申掛候儀無之様情々被仰渡、右ニ付取締方可申合旨奉畏候

ここでは若者世話人と称する面々が喧嘩口論の仲裁を買って出て、茶屋で派手に一席をもうけ、参会者に無心を行っている現状が指摘されている。そして彼らはこれを名目に無尽まがいの集会を催し、不正な集金行為を重ねているというのであるが、こうした行為がしばしばあったのもまた事実である。名弘会や花会、さらには喧嘩口論の仲裁を名目とした会合は、戯作者・書家・絵師などがまとまった資金を必要とするときにしばしば開催されることもあった。たとえば曲亭馬琴は天保七年（一八三六）八月、柳橋の万

八楼で古稀を祝う書画会を開催し、孫に御家人株を買うための資金を得ている（『馬琴日記』）。しかし、これは同時に博奕まがいの行為の温床でもあったのである。そしてこの町触では「火消人足頭取共」、すなわち鳶の頭などもこうした会合の主催者となっていることが問題視されている。

江戸後期から幕末にかけて江戸市中の料亭で行われた会合には、このような文化的に成熟した側面と、博奕性のともなった幕府の危惧する側面との両義性が存在し、若者仲間や鳶・火消人足といった侠気に満ちた活動的な集団が少なからずこれに参入していたのである。表6の分析結果や文政・天保期に連という納札活動家の集団が次々に結成されたことを考えれば、納札交換会とこのような会合とが成熟した文化社会において均質化していったと考えるのが妥当ではないだろうか。このことから、納札交換会においても芸能関係者・火消・鳶人足・若者世話人などが多数参入し、デザイン性を競った札が作成されたものと考えられるのである。連札の画題に役者・相撲・祭礼・纏などが取り入れられるのも、これに対応することの証である。そしてさらに交換札に「いき」なデザイン性を求める風潮は、自ずと納札界全般に根生いの「江戸趣味」をもたらし、その行動様式のみならず、納札家・連の構成員に「江戸ッ子」の気風をともなう職種や地域への偏在性がみられるものとなったと想定される。つまり幕末の千社札は、料亭を舞台とする納札交換会を母胎に、明和期の絵暦交換会さながらに洗練された江戸ならではの美意識を競う場として機能したと考えられるのである。

次に安政大地震が納札界にもたらした影響について考察していきたい。従来関岡氏をはじめとする納札界内部の人々からは、千社札のデザイン性を競うような面が強調されるあまり、「納札＋木版印刷文化＋江戸趣味」の連札・交換札に目が注がれてきた傾向がある。それゆえに、幕末以降の納札界は室内文芸が主流であり、制作工程から浮世絵技術にかかわる人々によって担われてきたという認識がこれまでなされてきたといえる。たしかに千社札制作を技術面から考えた場合、紙屋・文字師・絵師・彫師・摺師・絵草紙屋などがかかわり、札を貼る際に必要な「振り出し竿」には釣具屋・刷毛職人が、納札装束には染職や錺職・指物師などもかかわってくる。また、勘亭流・相撲字・寄席文字が確立していく幕末維新期には、文字師を介して歌舞伎界・相撲界・寄席界などとの交流を深め、さらに芸事を通して三味線屋・茶屋なども密接なかかわりをもった。そのため、交換札・連札の分析をしていくと活動家に右の職種が多いという結果が出るのは、こうした事情によるのである。

しかしここで筆者が考えたいのは、技術的側面からではなく、幕末の時代背景と納札界の接点を探ることによって、納札界の幕末江戸社会における位置づけを試みることである。そこで筆者が納札界の大きな転換点であり、活動家の交友関係を如実に示していると考えるのが、安政大地震である。

周知のように安政二年（一八五五）十月二日に江戸を襲った大地震は、その後の火災を含めて江戸市中を広範囲にわたって灰燼に帰すような大惨事を招いた。これに対して幕府側は直ちに町触を発し、「諸色直段職人手間賃」、すなわち生活物資や建築資材などの物価の高騰や、建築関係を中心とする職人・人足の賃金の不当な吊り上げを危惧している。事実、大工・左官・家根職・鳶・日雇など諸職人の賃金は急騰し、同十九日には賃金を定める町触が出されているのである（しかし、彼らは実際には内々に何らかの名目をつけては売買を継続しており、さらに収入を得ていたようである）。江戸にはこうして雨後の筍のように俄に建設ラッシュが引き起こり、土木建築関係を中心とした多くの職人層に多額の利潤をもたらすこととなったのである。それまで花会の取締などで抑圧されてきた彼らが、ここで得た財力を背景に新たな文化創造の一翼を担ったことは想像に難くない。

また、その一方で当時のジャーナリズムにも注目する必要があろう。震災後の江戸を伝える史料に『なゐの日並』がある。これは戯作者笠亭仙果による日記であるが、ここに梅素亭玄魚との関係が記されているのである。

それによれば、地震から二日後の十月四日に仙果は「けふはわが方よりもゆかではえあるまじとて、まづ玄魚を訪ふ、此あたり潰れ家みえず、あるじ云、家はつゝがなし、たゞ駒形の火の後を防ぐものなきより、いたくはたらき疲れたり、と云」と述べている。つまり、仙果が地震後真っ先に訪問した知人は梅素亭玄魚だったのである。そして玄魚は地震による被害を直接受けていなかったことがこれによってわかる。従来より玄魚は鯰絵制作者の一人と目されている（樋口弘『幕末明治開化期の錦絵版画』）が、彼の仙果との交流や、自らは罹災していないことが鯰絵の制作活動に効果的に作用していたものと考えられる。

また仙果の記述には、すでにこの日から市中では摺物の「地震火事方角づけ」が売られ、大道や道端では商人・素人を問わずさまざまな人々が食べ物や物資を通常の一〇倍もするような値段で販売していた実態が示されている。また七日の記事には「あさのほど玄魚をとふ、品川やのあつらへ、地震火事方角付の版下かきをり、のち品川や来り、外にも図どもあつらふ」とあって、玄魚は地震方角付や絵図などの板下を大伝馬町一丁目の書肆品川屋久助の求めに応じて書いていたことが知られる。つまり、玄魚は日常的にいわゆるかわら版類の筆耕にも携わっていたのである。

玄魚が当時の出版印刷業界に深くかかわっていたことは、次に掲げる十一月五日の仙果の記事からもうかがえる。

田中喜三郎来り云、地震火事の彫刻もの、その数三百八十余種ありとぞ、その中に重板三四丁あり、山口藤兵衛当番にて、板をとりあぐるに、いまだ十の一ツ二ツなり、板木屋ども、これを禁ぜられては、当分の飢渇しのぎがたし、一箇月も延引せさせ給はずば、いづかたへもまゐりて強訴せんなど、いひさわぐよし

右の田中喜三郎とは、玄魚の本名である宮城喜三郎の誤りであろう。彼は安政大地震のわずか一ケ月後に出された三八〇余種といわれる印刷物に対する幕府の出版統制の情報を板木屋などを通して得ており、鯰絵を手がけていたという確証はないものの、彼自身もこれらの印刷物に少なからず関与していたことは確かであろう。

北原糸子氏の分析によれば、安政大地震後のかわら版を含めた印刷物の制作のなかには、仮名垣魯文・笠亭仙果といった戯作者のほかに、専門の絵師として歌川豊国・同国芳・同芳綱・同芳晴・河鍋暁斎・豊

原国周・落合芳幾などが筆を執っているものも多いという（『安政大地震と民衆』）。ここで注目したいのは、これらが歌川派、とりわけ芳綱・芳晴・暁斎・芳幾といった歌川国芳とその門弟たちを中心になされている事実である。

震災直後に出された速報性を重視する印刷物には、素人に近い者が多く筆を執っていたと推測できるが、そのなかにあって国芳一門が活躍していた事実は、筆耕に玄魚が関与したことに加えて、魯文・仙果などの戯作者との相互の交流を考えたとき、これまでみてきた納札界の人脈との接点が想起される。

すなわち、彼ら安政大地震直後の出版界に活躍した戯作者や国芳門下の浮世絵師たちが、復興景気の恩恵を受けた職人層の新たな文化活動に積極的に関与し、梅素亭玄魚を中心に納札の制作が行われたと考えられるのである。さきに分析した幕末の納札貼込帖に安政四年・六年という年号が記載されたものが少なからず存在するのは、まさにこのような状況を背景に制作されたものと思われる。そして安政五年に『神社仏閣納札起原』が編まれ、翌年六月二十日、千代田連・坂升連の共催で東両国中邑楼にて納札活動家が集結して「大会《おおがい》」という納札界初の各連合同の大規模な交換会が行われたことは、室内文芸としての文化社会を再構築し一定の到達点にいたったことを意味していたと考えられる。そしてこの新生納札界の中心的役割を果たしたのが、千社札の生命である文字を掌った梅素亭玄魚であったのではないだろうか。

その後、「田キサ」（梅素亭玄魚）から「田蝶」と指導者が推移していくなかで、国芳門下の浮世絵師が中心となって絵筆を執り、彫師・摺師などの制作者、そして震災後幕末・維新期にかけての動乱の世相に活躍した職人層、さらにはこの時期の江戸の大衆文化社会の牽引役となった戯作者・落語家・役者や音曲会の面々などが加わって「いき」や遊び心をともなった江戸固有の室内文芸を主軸とした社会、これが安政大地震を契機に再構築された幕末・維新期の納札界の構造だったのである。そして彼ら納札活動家は、この室内文芸の世界を活動の基点として、納札本来の寺社参詣へと随時還流可能な、行動文化と室内文芸との相互補完の文化社会を構築していったと捉えることができるだろう。

第四章　神田祭礼と納札文化

嘉永・安政期は天保十二～十四年（一八四一～四三）の改革から一〇～一五年が経過している。すでに弘化二年二月の町触では「どういうわけか、世間には改革はもう弛んだと解釈する心得違いの者がいて、もっての外である」と述べて、取締の強化が図られている。また嘉永四年（一八五一）三月には株仲間再興があるなど、江戸の経済構造も変化している。さらに同六年には黒船来航、安政二年には大地震があるなど、嘉永・安政期は江戸の文化社会にも新たな時代が到来したのではないかと思われる時期である。吉原健一郎氏は弘化～嘉永年間に化政文化を深化させたものとして「嘉永文化」の存在を指摘している。これは従来爛熟・大衆化した江戸文化と捉えられてきた化政文化と比較して、より抵抗性の強い文化、花見・錦絵・講集団・流行神の活発化、時事問題への関心がみられるとする見解である。

一方で祭礼、特に神田・山王祭をめぐる社会構造の分析については、中井信彦（一九七五）・久留島浩（一九八九）、牧田勲（一九九七）・吉田伸之（一九九七）・竹ノ内雅人（二〇〇四）の各氏による緻密な研究の蓄積があり、祭礼を担う人々の階層や役割などが明らかにされてきている。

こうした近年の研究動向をふまえながら、この章では嘉永期の祭礼に交差する江戸の納札界とその背景社会を取り上げ、神田祭礼と納札文化とのかかわり方をみていきたい。

一　祭礼にかかわる人々

神田祭礼の連札

連札の画題にしばしば祭礼に関するものが用いられることは、すでに述べたとおりであるが、その内容がどれほど実態に即しているのだろうか。そこで神田祭礼を画題とする連札を取り上げてみたい。ここで分析するのは、前掲志ん馬文庫の貼込帖「納札集　第拾一号」所収の「神田祭礼三十六番花車　神田連連札」(図38) である。先述のように見返しに「嘉永安政の頃の連札」とあることから、この連札は嘉永・安政期の神田祭礼に時期を合わせて制作されたものと考えられるが、この図をみるとわかるように、一番から三十六番の各氏子町ごとに山車の名前と納札活動家の題名が記されており、なかにはすでにその活動家の居住地や職業が判明しているものも少なくない。そこでこれらの対応関係を分析したのが表8である。まず町名と山車の名前についてみてみると、嘉永・安政期の祭礼番附と一致するものはないようだが、各氏子町の定番の山車が挙げられていることに気付く。多くの氏子町には二・三の代表的な山車が知られており、そのなかから任意で連札に選ばれたのだろう。一方、題名に挙げられた人物はその氏子町内に住んでいたのかという点については、その大半が一致しないばかりか、なかには氏子域以外の者も存在することがわかった。つまり、この連札はデザインとして神田祭礼の山車を取り上げたのであって、必ずしも実際の氏子による制作というわけではないのである。この事実は、納札活動が神田祭礼を江戸社会全体の文化現象として捉えていることを示している。

　ところで江戸の代表的な祭礼といえば、どこの神社のものを思い浮かべるであろうか。近世後期の江戸の年中行事を詳述した『東都歳事記』をみてみると、氏子の町々をいくつかの組に編成し、各組で山車を出すといった大規模なものでも、山王権現・神田明神・根津権現・富岡八幡（深川）・三社権現（浅草）・氷川明神（赤坂）・天王（小舟町）・穴八幡・赤城明神・三田八幡・西久保八幡・市ケ谷八幡・小石川氷川明神など、実に多いことがわかる。そのなかでも山王権現・神田明神の祭礼は「天下祭」といって別格の扱いがなされていた。それは行列が江戸城内に入り、将軍の上覧に供するか

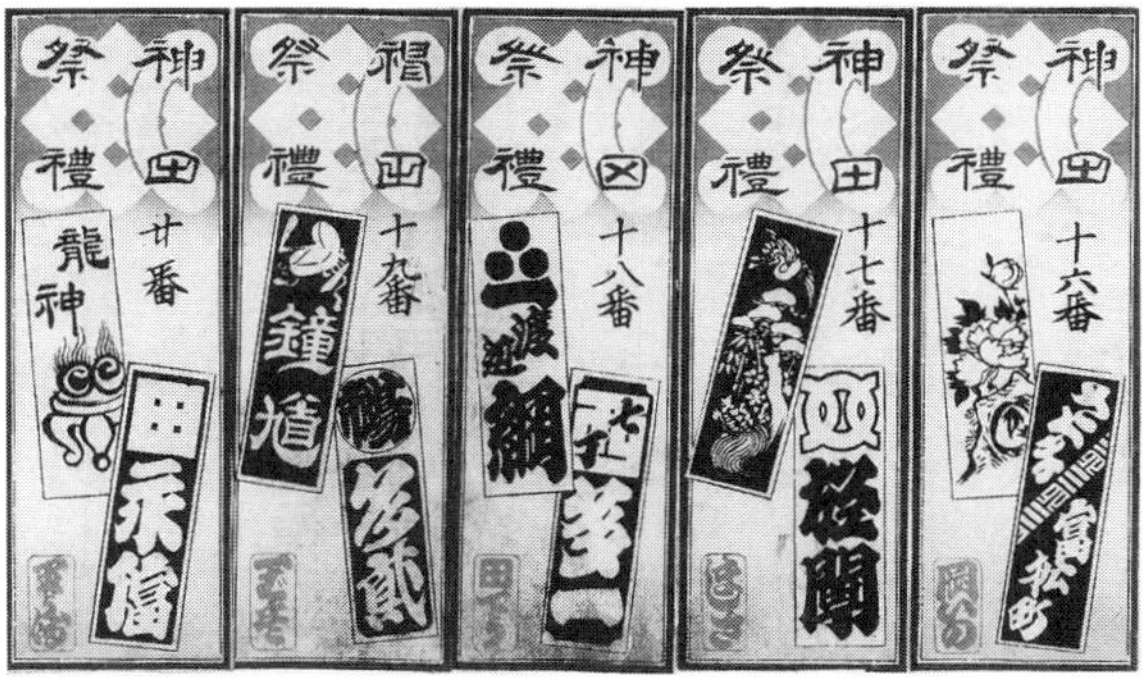

図38　「神田祭礼三十六番花車　神田連連札」

表8　「神田祭礼三十六番花車　神田連連札」（志ん馬文庫「納札集　第拾一号」）

題　名	特記事項	番	画中の町名	一致	題名	居住地	職業
「佐久間町」「御祭礼」「大泉翁」「八九かつ」「かめ松」「西たみ」「大間富」「長谷松」「西かん」「片長」「山七長」「田てう」	画は竜宮山車カ	—	佐久間町	—	八九かつ　他	千代田（千代田連、ないしは旧千代田村にあたるといわれる鉄砲町辺）他	箔屋　他
「神田祭礼」「田蝶　（印）」「奴弥三」		—	—	—	奴弥三	飯倉	
「神田祭礼」「田蝶　（万字）」「かな伝」		—	—	—	かな伝	京橋	傘職カ
「神田祭礼」「田蝶　（印）」「大間富」		—	—	—	大間富	中橋広小路	左官棟梁
「神田祭礼」「番組」「（印）氏子町名」「三十六番出シ印」「西民」		—	—	—	西民	皆川町	
「神田祭礼」「一之宮二之宮」「（印）御輿」「幣獅子頭」「冨士信」		—	—	—	冨士信		
「神田祭礼」「太鼓神馬小旗」「（榊）小舟町」「（画）」「針（印）」	（印）は松の印。	—	小舟町	×	針松	京橋	
「神田祭礼」「一番」「（印）大伝馬」「鶏太鼓」「かな伝」		1	大伝馬町	×	かな伝	京橋	傘職カ
「神田祭礼」「弐番」「（せ）南伝馬」「（画）猿」「村清」	（画）は御幣の画。	2	南伝馬町	×	村清	京橋	
「神田祭礼」「三番」「（翁）旅籠壱」「（画）」「大泉翁」	（画）は翁の画。	3	旅籠町一丁目	×	大泉翁	四ツ谷御門外	
「神田祭礼」「四番」「（加）はた二」「（画）和布刈」「はせ松」	（画）は鎌の画。	4	旅籠町二丁目	×	はせ松	本郷・た組（本郷一～六丁目・金助町・菊坂台町辺）	
「神田祭礼」「五番」「（印）鍋町」「神宮皇后」「龍かね」		5	神田鍋町	×	龍かね	龍閑町	
「神田祭礼」「六番」「通新石町」「（画）歳徳神」「とし久」		6	通新石町	×	とし久	中橋広小路	
「神田祭礼」「七番」「（田）須田壱」「住吉大明神」「錺茂」		7	須田町一丁目		錺茂		錺職
「神田祭礼」「八番」「（田）須田弐」「（画）関羽」「ふじ理三」		8	須田町二丁目	×	ふじ理三	外神田	

題　　名	特記事項	番	画中の町名	一致	題名	居住地	職業
「神田祭礼」「九番」「(印) 連雀町」「熊坂張範」「亀松」	(印) は連雀の印。	9	連雀町	×	亀松	外神田	
「神田祭礼」「十番」「(印) 三河壱鎌倉町」「(画) 鞍馬山」「龍辰」	(印)は神田の印。(画)は天狗の団扇の画。	10	三河町一丁目・鎌倉町	○	龍辰	龍閑町・鎌倉町	
「神田祭礼」「十一番」「としま町」「(画) 豊玉姫」「さんキ」		11	豊島町	?	さんキ		
「神田祭礼」「十一番ノ内」「ゆしま町金沢丁」「日本武尊」「中村霍」		11	湯島町・金沢町	△	中村霍	外神田	
「神田祭礼」「十二番」「(柳元) 岩井町」「(画) 弁慶」「坂辰」		12	元岩井町	△	坂辰	神田	
「神田祭礼」「十三番」「(印) 橋本壱」「(画)」「錦好斎」		13	橋本町一丁目	×	錦好斎	千代田（千代田連、ないしは旧千代田村にあたるといわれる鉄砲町辺）	
「神田祭礼」「十四番」「橋本二」「浦島太郎」「末亀」		14	橋本町二丁目	×	末亀	も組（新両替町、南鍋町、元数奇屋町、竹川町、加賀町、芝白金台町辺）	
「神田祭礼」「十五番」「佐久間壱二」「素盞烏尊」「松永辰」		15	佐久間町一・二丁目	△	松永辰	外神田	
「神田祭礼」「十六番」「佐久間三四富松町」「(画)」「岡いの」		16	佐久間町三・四丁目・富松町	×	岡いの	京橋	
「神田祭礼」「十七番」「久右衛門町」「(画)」「ましさ」		17	久右衛門町	△	ましさ	外神田	
「神田祭礼」「十八番」「(西　七丁) 多一」「(紋) 渡辺綱」「田てう」	(紋) は渡辺家の家紋「三つ星に一」。	18	神田多町一丁目	×	田てう	新吉原道	挑灯屋
「神田祭礼」「十九番」「(市場) 多二」「(画) 鍾馗」「一ば豊」		19	神田多町二丁目	○	一ば豊	神田市場	浮世絵師（芳艶）
「神田祭礼」「廿番」「永富町」「龍神 (画)」「りう浅」		20	永富町	△	りう浅	龍閑町	
「神田祭礼」「廿一番」「(西　七丁) 竪大工」「(画) 上棟」「片長」		21	竪大工町	×	片長	ほ組（浅草平右衛門町・元旅籠町・元鳥越町辺）	

題名	特記事項	番	画中の町名	一致	題名	居住地	職業
「神田祭礼」「廿二番」「(西　七丁)　蝋燭町関口町」「紅葉狩」「大間富」		22	蝋燭町・関口町	×	大間富	中橋広小路	左官棟梁
「神田祭礼」「廿三番」「明神西町」「大国神」「西かん」		23	神田明神西町	×	西かん	も組（新両替町、南鍋町、元数奇屋町、竹川町、加賀町、芝白金台町辺）	
「神田祭礼」「廿四番」「(西　七丁)　新銀町」「(画)」「だし徳」	(画) は鳥居に鶴に籠の画。	24	新銀町	?	だし徳		
「神田祭礼」「廿五番」「(西　七丁)　川合新石一」「神北　戸隠」「茶屋勘」		25	新石町一丁目	×	茶屋勘	と組（浅草黒船町・諏訪町・田原町辺）	茶屋
「神田祭礼」「廿六番」「(田)　新革屋丁」「弁財天」「近江留」		26	新革屋町	○	近江留	龍閑橋	
「神田祭礼」「廿七番」「(印)　かぢ丁」「三条　小鍛治宗近」「やりいく　宇治安」		27	鍛冶町	?	やりいく 宇治安		
「神田祭礼」「廿八番」「元乗物町」「(紋)佐々木」「浜田栄」	(紋) は佐々木家の四目結。	28	元乗物町	×	浜田栄	三組（深川佐賀町、相川町、一色町、熊井町、西永代町辺）	
「神田祭礼」「廿九番」「(西　七丁)　横大工」「猿田彦」「扇金」		29	横大工町	×	扇金	飯倉・芝	扇屋
「神田祭礼」「三十番」「きじ丁」「白雉(画)」「奴弥三」		30	神田雉子町	×	奴弥三	飯倉	
「神田祭礼」「三十一番」「(印)　三河四」「武内宿祢」「京亀」	(印) の中に「四」の字がある。	31	三河町四丁目	×	京亀	神田明神下	
「神田祭礼」「三十二番」「御台所掛」「(画)」「八百平」		32	—	?	八百平	外神田	八百屋
「神田祭礼」「三十三番」「(西　七丁)　皆川参弐」「(画)　義経」「西民」		33	皆川町二・三丁目	○	西民	皆川町	
「神田祭礼」「三十四番」「塗師町」「(画)猩々」「龍わ田」		34	塗師町	△	龍田つ	龍閑町・鎌倉町	
「神田祭礼」「三十五番」「(田)　白壁町」「蛭子神」「山七長」		35	白壁町	×	山七長	桶町・中橋広小路	
「神田祭礼」「大尾　三十六番」「(田　東)松田丁」「(紋)　源頼義」「十九勝」	(紋) は笹竜胆。	36	松田町	×	十九勝	東神田・宝田村・神田塚傍	

註：「志ん馬文庫納札集　第11号」（後藤禎久氏所蔵）より作成。

らで、山王祭が四十五、神田祭が三十六の山車を隔年で出すなど、非常に大規模なものであった。そこで次に嘉永期の『藤岡屋日記』の記述を題材に、神田・山王祭にかかわる人々の実態を考えてみたいと思う。

交差する職業

「板行摺吉五郎、為似手先かたり、其外盗賊露顕致し被召捕一件」によれば、嘉永三年（一八五〇）九月二日、吉五郎（鉄次郎）は大伝馬町三丁目貸本問屋丁子屋平兵衛方へ手先（目明し・岡引などともいう）と偽り、金銭を騙し取ろうとして露顕した。実はこの男、八月中に名古屋の書物問屋永楽屋東四郎の出見世の本銀町永楽屋丈助が書物を本店から仕入れた際にも道中にて狂言を企み、露顕していたのである。そしてその他に盗みなどの余罪を追及され獄門に処されたという。これだけでは詐欺事件にすぎないのだが、ここで注目したいのは、吉五郎の生い立ちである。

天保期に浪人の倅として生まれた彼は、その後天保十四年（一八四三）秋に夜稼ぎにて召し捕えられ、佃島人足寄場へ入牢→赦免、翌年秋「ぺてんの松」の世話で中橋の岩蔵方へ板摺の弟子入り→弘化三年（一八四六）正月本郷丸山火事で罹災、暇をもらい浅草辺に移転→再び召捕られ佃島人足寄場へ入牢→寄せ場を抜け出し上方へ逃亡→嘉永二年（一八四九）秋、江戸へ戻り「藤堂西門前絵双紙屋平吉」方で板行摺職をつとめる→行跡悪く所々を転々とし、悪事を働く→犯行露顕後、逃亡し、そして同三年九月二日の時点では、通油町鶴屋喜右衛門の板行摺をしている神田明神下金沢町家主紅屋惣兵衛店八蔵のもとに身を寄せていたという複雑な経緯をたどっていた。

吉五郎は元々浪人の家に生まれたようだが、これによって人足寄場と板摺職の同業者の間を行き来する姿が浮かび上がってくる。ここで彼の職業としての横のつながりに注意したい。丁子屋平兵衛・永楽屋丈助・鶴屋喜右衛門はいずれも当時地本問屋として読本・黄表紙から錦絵まで庶民向けの出版物を幅広く取り扱う大手の版元・問屋であり、彼は板行摺という職業を介して広く出版ネットワーク上に基盤を置いていた事実を明らかとなる。

また、『藤岡屋日記』は吉五郎が神田相生町兵蔵店浄瑠璃稽古所清元延佐代に弟子入りし、延佐代に六・七両ほどかかる三弦のほか、撥・着物・珊瑚珠の玉などを与えている事実を指摘している。板行摺職人と芸人とのつながりについては、これが単に偶然の関連ではないことが、後述の事例によって鮮明となってくる。

嘉永四年五月六日、神田永富町二丁目の皆川という寄席で中嶋春五郎が四谷怪談の歌舞伎浄瑠璃狂言をしていたところ、多人数が参集したため二階の張出が落ち、怪我人が多数出た。これに関して『藤岡屋日記』には次のように記されている。

右怪我人之内、竪大工町常盤津師匠文字伊知、廿歳也、至而美くしき代呂物故ニ、是迄毎年の御祭りニも鉄棒引ニ計出候て、若者の弟子も沢山ニ有之、今宵も若者の進めにて、お岩を見物ニ参りて二階から落て、水（小カ）便溜之上ニ落、腰の骨を打折、其上へ跡より落重り候故ニ怪我致し、体叶わぬよし、母も一処ニ参り、是も怪我致し候よし。

二十歳になる常盤津の師匠文字伊知は、その美しい容貌ゆえに祭礼の鉄棒引《かなぼうひき》を務めているという。この鉄棒引は神田・山王両祭礼では山車行列の先導をする役目であって、いわば祭礼の花形中の花形である。それゆえに、おそらく日頃から評判だったのだろう。また若者とは、吉田伸之氏のいうところの町の職人層・小商人層の内の青年を中心とする組織である若者仲間に所属する者たちと考えられ、鳶に対置する存在である。彼らがこの文字伊知の取り巻きとして多数弟子入りし、大勢で右の寄席をみに訪れたときに事件が起こった。四谷怪談をみようとしたのか、それとも美人で有名人でもある文字伊知をみようと押しかけたのか。ともあれ寄席は大盛況だったが、場所は木造家屋の二階である。それが災いして、大勢がベランダ状になっている張り出し部分から落下し、文字伊知はその下敷きになって歩行困難な体になってしまったという。なんとも悲劇ではあるが、ここに祭礼の鉄棒引に出る芸人と若者との関係がうかがえるのである。そして「席亭ハ大工藤助也」というから、大工藤助経営の寄席と、これに参加する役者との関係も指摘できよう。

次に取り上げたいのは、同年八月十五日の「京橋常盤町席喧嘩一件」である。この日の夜、鳶金太郎の経営する京橋常盤町の寄席「佐野松」で素人浄瑠璃の興行があった。その際に無銭で入ろうとした浅利河岸の岡崎藩の陸尺一〇人を、金太郎の子分で「豆の揚物」の仇名をもち、「大あばた、色黒ニて胸ニ彫物だらけの鳶の者」という男が咎めて、奥にいた「せ組」鳶の者四〇人が飛び出して打ち合いとなった。そこで常盤町最寄一八カ町の若者が仲裁に入るが埒が明かず、結局は金太郎の駆け込み願によって内済したというものである。陸尺とは駕籠舁などに従事する武家奉公人で、ここでは岡崎藩本多家に仕えていた者たちである。この事件では、武家奉公人と鳶との拮抗関係に加えて、鳶の親方が経営する寄席には多数の子分の鳶が待機している事実と、当時の鳶と彫物の密接な関係、そして鳶と若者とが拮抗しつつも結びついている実態などが明らかとなってくる。

右の記述をみていくと、鳶・若者・芸人・役者・摺師（彫師）などの相互交流がうかがえ、彼らの日常的な交流の多くは寄席など室内文芸の社会を舞台にしていたことがわかるのである。

室内文芸社会と芸人

江戸時代の文化現象のひとつである納札・千社札は、行動文化のなかから生み出され、それが室内文芸の世界と融合し交換会を形成したことは、これまで指摘してきたとおりである。では、室内文芸社会が納札界や前述の鳶・芸人・若者らを引きつけたのはなぜか。その手がかりとなるのが、町触でたびたび言及されている名弘会・花会といったものである。名弘とは芸事などに従事する者が命名・改名・襲名などの披露を行うことをいい、ときに茶屋・料亭などを借りて盛大に行われていた。また、花会は本来名弘会と同様の意味でも使われていたが、特に職人や博徒などが知人から寄付金を集めるために行われる演芸や書画などの会を指す言葉として用いられていた。町触をみると、名弘会は寛政八年（一七九六）、花会は文化九年（一八一二）にすでに取り締まりの対象となっている。第三章でも文政八年（一八二五）の町触を取り上げたが、このときには「若者世話人」などと称する者たちが口論の仲裁を買って出て、茶屋などで派手に花会を催し、その費用を集めるためと称して町々の商人から無心をしている実態を指摘し、火消人足頭取などへもその旨を周知させるよう申し渡している。しばしば花会と並んで無尽が取り上げられているのは、参会者の出資による相互扶助を名目に行われる無尽が、当時茶屋などを借りて集金を行う花会に近いものとなっていたことを意味し、とりわけくじに当たった者から順に退会する取退《とりのき》無尽などはしばしばその賭博性が取締の対象となっていた。また、町触が取り上げている火消人足とは、鳶のことを指すわけで、口論の仲裁をする若者たちとともに、幕府側が取り締まりの対象として両者を捉えていたことを表している。すなわち、職人・人足などの間で日常的に発生する口論や小競り合いを仲裁する存在として若者、および鳶たちがあって、彼らは花会を通じて茶屋・料理屋などを舞台とした室内社会に活動の場を持っていたことがわかる。このことは名弘会を行う芸人たちの世界や、書画会を開催する文人たちと交差していくことにもなったのである。この点については、吉田伸之氏が江戸文化の普及について述べるなかで、江戸歌舞伎が寺社の境内や広小路などの広場を普及の第一の局面、コピー芝居の最末端に位置する寄席が裏店居住の民衆世界へ安価で伝達するという第二の局面の存在を指摘し、寄席が独自の芸能文化の発信源となっていくとする主張とも通じるものである（「『江戸』の普及」）。

このように、鳶・若者・芸人・役者・職人・人足といった江戸の中下層民の一群は花会や寄席を舞台にネットワークを構築していったと考えられるが、その文化的な道筋のなかに幕末期の納札界があり、また日常的な活動を表現する大きな機会として神田・山王などの祭礼が機能していたのではないだろうか。

両祭礼の際に作成される、附祭行列に参加の芸人一覧「芸人練子名前」をみていくと、祭礼行列は「鉄棒引＋踊り＋浄瑠璃語ないしは長唄＋三味線引＋囃子（笛・小鼓・太鼓）」という組み合わせで構成されていることがわかる。また『藤岡屋日記』にも嘉永四年の神田祭礼に附祭を出すことが許可された三カ町（蝋燭町と関口町は町域が狭いので合同である）に関する出し物と、これに参加した人々の細目が示されている。この記載内容から附祭行列の構成をまとめたのが表9である。これによれば、各町の附祭は「①学《まねび》＋②地走＋③踊台」の三要素からなっていて、それぞれに浄瑠璃・三味線・長唄・囃子方の芸人がおり、彼らは「中村金枝」などの請負人のもとに束ねられていたことがわかる。また芸人たちの居住地も浅草・本所・深川・小石川など、氏子域以外が少なくない。こうして両祭礼の附祭においては、数名の請負人による体制が確立し、氏子域にかかわりなく、江戸全体を巻き込んだ芸事の披露というハレの舞台として機能していたといえるだろう。

祭礼に熱狂する人々

一方、若者と鳶について『藤岡屋日記』をみていくと、祭礼をめぐる両者の関係がうかがえる。嘉永四年九月九日、神田蝋燭町で若者と鳶との喧嘩が起こり打こわしに発展した記事をみていくと、永富町四丁

表9　神田明神祭礼附祭（嘉永4）の構成

担当町	演目	担当	人数	請負人
蝋燭町 関口町	紅葉の学	浄瑠璃	常磐津文字美代＋4人	中村金枝
		三味線	常磐津文字広＋2人	
		囃子方	6人	
	仕丁の学、地走	浄瑠璃	清元寿摩太夫＋3人	中村金枝
		三味線	清元市太郎＋2人	
		囃子方	6人	
	仕丁の学、踊台	浄瑠璃	富本豊前掾＋3人	中村金枝
		三味線	名見崎友次＋2人	
		囃子方	清住長五郎＋5人	
新石町一丁目	猿田彦仕丁楽人の学	浄瑠璃	常磐津佐喜太夫＋3人	中村金枝
		三味線	常磐津文字八＋3人	
		囃子方	7人	
	鹿島踊の学、地走	浄瑠璃	清元家内太夫＋3人	駿州屋喜右衛門
		三味線	清元一寿＋2人	
		長唄	杵屋若安、杵屋たき	
		三味線	杵屋六琴、杵屋琴吉	
		囃子方	7人	
	神代岩戸の学、踊台	長唄	芳村孝次郎＋3人	松賀於藤 清元福寿太夫
		三味線	杵屋六三郎＋3人	
		囃子方	住田勝次郎＋6人	
横大工町	春の学、練物	浄瑠璃	清元美代太夫、巴満太夫、喜代寿太夫	中村金枝 清元佐登美太夫
		三味線	清元順三＋2人	
		囃子方	6人	
	夏の学、地走	長唄	松永鉄五郎＋3人	中村金枝 清元佐登美太夫
		三味線	杵屋六蔵＋2人	
		囃子方	6人	
	秋冬の学、踊台	浄瑠璃	常磐津三登勢太夫＋3人	藤間多津
		三味線	岸沢金蔵＋3人	
		囃子方	7人	

註：『藤岡屋日記』第三十四巻をもとに作成。

目板新屋の若者頭家根屋巳之助は山車小屋の屋根を葺き、鍋町頭新右衛門子分の鳶金太郎は町内へ山車小屋を掛けるさまが描写されている。この一件は蝋燭町飴屋の倅と「小若者」二人が町内の鳶の頭へ酒三升をもっていったところ、これでは少ないといわれ喧嘩になったのだという。ここに山車の準備をめぐる、鳶と若者との交差する関係が示されている。

また同月十五日の祭礼当日には、「神田大明神御祭ニ付、大伝馬町、は組鳶之者、獅子之手子前（舞）きやり下手なりとて、小網町若者、本町丸角の前ニて悪く言候が口論の初めニて、是喧嘩の発端也。…（中略）…斯て同日夕方、は組鳶之者ハ、今日小網町若者の悪口を心外ニ存憤り、十四、五人言合せ、小網町壱丁目裏通り貝杓子店若者頭、川一寄を打こわし候積りニて押懸行候」として練物に主体的に参加する鳶と見物人である若者との喧嘩があったことを伝えているが、こうしたところに祭礼の参加者と見物人という異なる立場での、鳶と若者との競合関係が明瞭に見出せるのである。

この他にも大工や鳶が経営する寄席に鳶・若者の他に役者・芸人などが出入りしている記事がしばしばみられることから、彼らの日常的な相互交流がうかがえるとともに、その多くは寄席など室内文芸の社会を舞台にしていたことがわかる。こうした点からも彼らは花会・名弘会や寄席を舞台にネットワークを構築し、それらの最大の表現の場が神田・山王などの祭礼であったのではないかと考えられる。

そして、江戸には家持・町役人のような町の構成員の中軸を担った上層町人と、彼らが「中人以下」と把握する中下層民の世界とが存在し、こうした文化の多重構造が最も可視化されるのが、天下祭の情景であった。さらに中下層民内部でも鳶と若者のように、祭礼を自己の帰属する文化社会の表現の場として競い合う特質がうかがえるのである。

右の検討から、祭礼の中心には鳶→地縁的に参加、芸人（素人踊含む）→御府内から参加、若者→地縁性を有するが傍観者という三形態があり、これらの周囲に祭礼文化を享受する多くの江戸庶民があったとみることができよう。つまり、山王祭・神田祭は交互に毎年やってくるハレの舞台であり、その背景には日常的な室内文芸社会の成熟があったと考えられるのである。

二　違法出版

次に当時の出版事情について考えてみよう。幕末の江戸では黄表紙・合巻・読本・錦絵・摺物などといった出版物は、地本問屋が版元となり、その企画のもとに筆耕・絵師・彫師・摺師の分業によって制作されていた。彼らが幕末の納札界に大きな役割をはたしたことはさきに述べたとおりだが、本節ではその前提となる幕末期の出版界の動向についてみていきたい。

『藤岡屋日記』にみる嘉永期の出版事情

ここでも『藤岡屋日記』の記述から当時の実態をみていこう。嘉永三年十一月の「琉球人行列附、一件之事」という記事では、琉球使節一行が参府した際に出された行列番附をめぐって起こったトラブルを詳述している。それによると、芝神明前に店を構える若狭屋与市は使節一行の参府を監督する薩摩藩の江戸上屋敷に出願し、重久画にて許可を得、一行の到着する十月晦日にこれを売り出した。一方、北八丁堀に店を構える品川屋久助は、すでに一行が通過した京都で菱屋弥兵衛が版行した一枚摺の版木を入手して制作した番附を、十一月二日から江戸中の絵双紙屋その他に配布した。これを知った若狭屋側では、三日から五日にかけて人を出してこれを回収させるという挙に出た。

そこで品川屋は若狭屋に掛け合うと、薩摩藩から人を出したものだといわれ、さっそく同藩留守居の友野市助に問い合わせると、「一向ニ左様之事無之」との返答が返ってきた。そこで品川屋はあらためて絵双紙掛名主にこの番附の出版を願い出ると、絵双紙掛の方では、若狭屋がすでに出しているので重版になると告げる。これに怒った品川屋は、自分の方こそ京都で願済になった正真正銘の御免の版であると述べ、薩摩版の改印を受けたとする若狭屋側が謀判したものだとし、さらに株仲間解散中の当時、版元を一軒に限ることは法令の趣旨に反すると理詰めで反論している。

また、使節一行が江戸城に登城した十一月十九日には行列附が大量に売り出されたが、ここで驚くべき実態が明らかとなる。すなわち、若狭屋の番附の売り子が三枚続三六文で売っていたところ、そばで売っている男のもとに客が集り、そちらばかりが売れていく。不思議に思った売り子がその男に尋ねてみると、一枚一六文で売っているという。さらに訊けば若狭屋の方では卸値が五組一〇〇文のところを、その男は新右衛門町定斎屋の裏に住む「紐庄」から六文で卸してもらっているというのである。つまり、若狭屋の売り子は一組二〇文で仕入れ、三六文で売って、一六文ずつの利潤を得る目算であり、安売りの男は一〇文ずつの利潤を予定していたのだが、安売りの方が飛ぶように売れるので、両者の差は歴然としていた。

若狭屋の売り子は「お前は若狭屋のを売っているが、そんな物を売っていては、このせちがらい世界で妻子が過ごせるものか」と笑われて、慌てて仕入れた番附を返品したところから問題が明るみになった。そこで調査してみると、本版の若狭屋版の他に、品川屋久助が二版、「紐庄」二版、「茶吉」・「唐がらし常一」・大丸新道の金兵衛各一版の、都合七版の異版の存在が判明したのである。

このように、速報性が求められる摺物類に関して正規販売ルートとは別に、複数の違法販売ルートがあるという状況は、このときに限らず、当時の出版業界の状況を反映しているものと考えてよいだろう。このとき異版を強硬に主張している品川屋久助こそ、第三章で安政大地震直後に梅素亭玄魚に地震方角付や絵図などの版下を書かせていた版元であり、嘉永六年の夏には合巻を依頼した仮名垣魯文に湯島妻恋町に家を買い与えていることでも知られる人物である。

品川屋は同四年七月二十五日の「大蜘蛛百鬼夜行絵之番附之事」という記事にも登場している。当初この絵番附を神田鍛冶町二丁目太田屋佐吉版元で売り出し、盆前に配ったが、七月二十五日に取り締まりを受けて残らず御取上げになったという。そしてその直後に「右二板出来ニて安売致ス也」として、「八丁堀鍛冶町　品川屋久助」「本郷四丁目　丹波屋半兵衛」の名が挙げられているのである。太田屋佐吉は合巻・錦絵などを刊行している他に、馬喰町二丁目の森屋治兵衛とともに祭礼番附の版元としても知られており、番附類に明るい絵双紙問屋という点で品川屋との関連性がうかがえる。

ところで、この年七月二十九日から中村座で興行された「東山桜荘子」は、江戸時代前期に佐倉藩で起こった名主惣五郎による一揆を題材としたもので、これが大当たりとなり、大反響を呼んだ。『藤岡屋日記』によれば、この〝惣五郎ブーム〟に目をつけた布袋屋市兵衛という者が、惣五郎の実録物を刊行すると、市中ではこれを読売にしたので大評判となったという。その後もブームを当て込んだ出版はあとを絶たず、藤岡屋の耳に入っただけでも、左の記事のような状況であった。

一、霜月廿一日より宗吾一代記、八丁堀茶金より半紙本ニて出し、是も大売れ也。

同廿五日より八丁堀菊次郎より宗吾くどき出ルなり。

（中略）

一、霜月十八九日頃、紐庄、布袋市の重板致し売出ス。

同　廿日頃、神田の富、くどきを出ス也。

同　廿九日、紐庄よりくどき出ル也。

一、極月十二日、八丁堀茶金、宗吾の板、半紙六図も摺込候て、福嶋三郎右衛門へ板を差出し候由、右騒ぎニて、布袋市も商内を三日休候よし、紐庄ハ一向構ひ不申候よし。

右で『宗吾一代記』を刊行した八丁堀の「茶金」、布袋屋市兵衛の重版を売り出した「紐庄」は、ともにさきに「琉球人行列附、一件之事」で若狭屋の異版を販売した者たちであって、当時の出版業界が、江戸社会の流行に敏感に対応していることを表している。

一方、この年は三月に株仲間が再興されたことでも知られているが、同年九月三日にはこのことを題材にした「本朝振袖の始」という錦絵が売り出された。これは「去ル御やしきニて趣向致し」とあるので、武家の発案によるもののようだが、これを神田久右衛門町の摺師彦兵衛が版行し、馬喰町三丁目徳三郎が売り子となって市中に販売して歩いた。このとき四枚続三六文で売り出したところかなりの評判を得て、のちにはこれを一〇〇文で販売する者が現れたほか、「浅草地内ならべ本屋」とあるから浅草寺境内の床見世と思われるが、ここに吊るしてあるのを定廻り同心が取り上げるという騒ぎとなった。しかし、その後は何らの処分もないまま月日が経つうちに重版ができて六枚続で売り出されたという。

ここでみるように、相次ぐ重版・違法出版を可能にし、店頭・床見世・せり売り多様な販売形態をみせる印刷・出版業界のネットワークが、嘉永・安政期の活発な出版状況を支えていたことは間違いないだろう。ゆえに従来納札文化の発展に関して指摘されてきた印刷技術の水準が、この時期最高潮に達した事実とともに考える必要がある。そしてこのような出版文化の「頭脳」になる存在に武家や戯作者がいた事実も見逃してはならないのである。

「鯰年代記一件」

ここで同じく『藤岡屋日記』の記述から、興味深い記事を紹介しておきたい。事件は嘉永四年十一月八日、銀座二丁目大雅堂と神田鍛冶町一丁目清水屋の店頭でそれぞれ売られていた『鯰年代記』を、絵双紙掛名主の村田佐兵衛が買い取り、詮議にかけられたところから始まる。結局のところ、この一件は多数の関係者が処罰されたのだが、当時の重版の実態が如実に表れている。

実はこの書は天保改革以前に刊行されたもので、町触や市中の風俗などを題材に雑説を加えた内容であったというが、これを「浅草猿若町治兵衛店喜兵衛方同居」とも堀田原に住むともいう幸兵衛という者が再び版行しようと企て、堺町の林三郎が所持する『鯰年代記』の写本を借り受け、これに若干の書き直しを施して『鯰年代雑記』と題して版行し売り出したのであった。

ところがこの幸兵衛、「無筆ニて書事ならず」という人物であって、彼が拷問を受けて白状したところによれば、普段懇意にしている浅草寺境内の床見世で小間物屋を営む喜三郎に筆耕を依頼したのだという。取り調べでは喜三郎は筆耕料も取らずこれを引き受けたとしているが、彼に何らかの役得があったのは言うまでもない。そしてこの彫・摺にかかわった浅草寺境内の円三郎は、右一件の吟味中に重版を版行し、これを売り歩いた佐久間町伊勢屋彦兵衛・深川の「ほうかむりの平吉」・仁助らともども処罰さているところから、喜三郎を介して出版のネットワークに『鯰年代雑記』の情報や版木が流れていったことは明白である。

これはあくまで推測の域を出るものではないが、右の一件で五貫文の過料を命じられた喜三郎とは、その筆耕に長じている様子や、小間物を取り扱っていることなどから、「梅素亭玄魚」こと宮城喜三郎ではないかと考えられる。そして何よりも気になるのが〝鯰〟というキーワードであろう。さきにも述べたように、彼は安政大地震直後に出された鯰絵の意匠を提供した人物とされているが、『鯰年代雑記』の筆耕に彼が携わっていたのが事実であれば、大地震の数年前にすでに彼は鯰絵の意匠の素材を得ていたことになるのである。

このように、幕末の江戸の出版業界は販売形態を巧みに変えながらも競合しつつ、ネットワークを生かした出版を行っていたことがわかる。そしてそれを可能にしたのが、絵師・戯作者・筆耕・彫師・摺師の技術的なつながりである。右一件では幕末期に多面的に展開していく出版文化のいわば扇の要に梅素亭玄魚の存在があったことを物語っているのである。

以上の検討から、幕末期の活発な出版状況が絵師・戯作者・筆耕・彫師・摺師の技術的なつながりをもたらした一方、祭礼を支えた①氏子町人②名主③鳶④芸人⑤若者がその文化的側面を①②―③④⑤と分化したかたちで享受することとなった。前者は幕藩体制論理に比較的順応したかたちで文化社会を描き、後者は前者から「中人以下」とされながらも、幕末に盛んになった室内文芸に前記の出版印刷業界の技術や人材を包摂することによって独自の文化社会を構築していった。その一端が納札の世界に反映されたわけであり、祭礼を「静」の世界として受け入れる場として機能していたと思われる。

そして納札は販売を目的としない私的印刷を媒介とした文化社会であったために、近代以降も命脈を保ち続け、江戸趣味の表現の場として祭礼とともに現代にその存在意義を見出しているのである。

第五章　上層町人と「中人以下」の世界

一　紀伊国屋長三郎と版元恵比寿屋庄七

安政二年（一八五五）十月二日、江戸を襲った大地震は、庶民世界にもさまざまな衝撃をもたらした。前述のように、戯作者笠亭仙果は震災後の記録として『なゐの日並』を著し、その記述内容から仙果―玄魚―魯文という深い人的交流があったことが明らかとなったが、同書の十月五日の項には「照降町も大かたよろし、えびす屋をとふ、こゝも無事」と記されているところに改めて注目してみたい。

照降町とは、日本橋の堀江町三丁目・四丁目の境から小舟町三丁目に向かう通り一帯を指し、この辺りに日和用の下駄屋、雨天用の傘屋が多く立ち並んでいたことから付けられた俗称である。ここに店を構えていた「えびす屋」とは、恵比寿屋庄七のことで、彼は錦絵・絵双紙の版元で「錦昇堂」ともいい、『諸問屋名前帳』によれば、小舟町三丁目政次郎店に住み、嘉永五年（一八五二）四月に山城町林蔵店川口屋正蔵から株を譲り受け、地本双紙問屋という株仲間組織に加入し、以後明治維新まで加入を続けていることがわかる。隣接する堀江町に店を構えた鹿島万兵衛が絵双紙問屋の主なる店としてこの恵比寿屋を挙げている（『江戸の夕栄』）ように、恵比寿屋は幕末に活躍した版元のひとつであった。

この恵比寿屋の動向で特筆すべきはパトロンの存在で、近年千代田区立四番町歴史民俗資料館に寄託された三谷家資料によってその実態がかなり明らかになってきた。そこで本節では版元恵比寿屋庄七を軸にした人的ネットワークについてみていきたい。

嘉永四年の長旅と錦絵

神田塗師町に店を構えた紀伊国屋長三郎（一八一九〜八六）は、金物問屋紀伊国屋の八代目の当主で、幕末から明治初期に江戸・東京の伸銅業界において活躍した人物だが、その一方で三代豊国のパトロンとしても知られる人物である。

そもそもこの紀伊国屋（三谷姓）は紀伊国那賀郡西三谷村を発祥とし、やがて江戸に出て万治三年（一六六〇）に神田塗師町で創業している。その後五代目嘉兵衛が寛政四年（一七九二）七月に居地面を購入して家持になり、文化・文政期以降は株仲間組織のひとつである釘鉄銅物問屋の古参として家業を安定したものにしていき、七代目長兵衛のときには江戸に開設された別段古銅吹所附の銅仲買を兼ねていた。

本所で地廻米穀問屋を営む伊豆屋八右衛門の子で七代目の養子となった八代目長三郎は、天保十二年（一八四一）八月に家督を相続し、家業を着実に発展させていくが、彼にとって画期になったのは、何よりも嘉永四年（一八五一）三月の株仲間再興と同六年の開国による貿易および軍事的緊張の深化である。

この嘉永四年という節目の年に三十三歳になった彼は、店を隠居した実父と支配人に任せ、自らは長助・三平という二人の供をつれて二月十六日から十二月二十四日にいたる、一〇カ月半に及ぶ長旅に出かけた。道中記の記述によれば、このとき彼らは京都・大坂の同業者のもとに長期滞在し饗応を受けたほか、大坂銅座の入札を見学し、畿内近国を参詣しただけではなく、遠くは海路瀬戸内を通って長崎をはじめとする九州へも出かけている。こうした彼の行動は、経営基盤を磐石なものにするべく、京都・大坂の取引先の商人との連携を深め、知見を広めるという経営的な意義があったと思われるが、同時に行楽や土産物を購入する楽しみもあったようである。

今回そのなかで取り上げたいのは、錦絵と関連する道中記の記事で、六月二十三日に「道頓堀松本屋島之内布袋町中村福助宅表絵師広貞宅江参リ」とあって、長三郎は供の長助を絵師広貞のもとに遣わしていることがわかる。このとき作品の注文がなされたものと推測されるが、道中記とともに残された入用帳には九月二十四日の項に「出金壱両壱分弐朱　広貞江渡ス、絵十□（枚）代」とあり、訪問から約三カ月後に一両一分二朱を支払っていることがわかる。岩切友里子氏によれば、広貞（一八一九〜六五）は大坂の浮世絵師で、弘化四年（一八四七）から文久三年（一八六三）まで作画し、もっぱら中判の役者絵を描い

図39　広貞「四代目山下金作のさがみ」

た、天保改革以降の上方の役者絵の中心的絵師であるという。三谷家に伝来した広貞の上方役者絵帖の制作年代が嘉永四年五月と八月のものであることを考え合わせれば、六月の段階で注文をし、何らかのかたちで後日広貞に代金を支払って入手したものと推測することができよう。図39右段上の「四代目山下金作のさがみ」はこのとき注文したものと考えられ、じつはこれには「山下金作此の顔がよろしく」という紙片が貼られている。三谷家に残された古今役者見立絵の版下二四五図のなかに上方の役者が何人か含まれており、これらはいずれも恵比寿屋版であり、後述のように八代目の指示によるものではないかと考えられる。

また七月十七日・二十日の記述からは、長崎土産として今鍛冶屋町の本屋大和屋由平の店にて唐人を描いた絵を二度にわたって購入していることがわかる。そして大坂では十月二十三日に「今早朝より諸方へ買物致し、夫より戎橋絵草紙屋へ参り夕刻迄買物」とあり、入用帳には「絵草子色々代」として代金が「金弐分トツリ四百文」であったことが記載されている。このように長三郎は上方や長崎の絵を土産として購入していたことがわかるが、特筆すべきは恵比寿屋庄七（熊谷庄七）の記述であろう。

長旅を終えて東海道を下り金沢宿の扇屋に泊まった一行は、早朝に宿を立ち、明け方には保土ケ谷宿を通過し、神奈川宿・川崎宿を過ぎて六郷川を舟で渡って四・五丁ほど行ったところで、出迎えに来ていた恵比寿屋庄七・庄介両人に出会っている。その後彼らは次々に出迎えの人々と合流して店に到着するのだが、先頭きって一行を出迎えたのがこの恵比寿屋であったことに注目したい。

他にも三谷家の記録には、文久二年（一八六二）四月二日に御遂夜で料理を振舞われ、同四年八月十六日に七代目長兵衛の死去（過去帳では十九日となっている）に際して「おゑい」という女性（妻か）とともに今戸の隠宅を弔問に訪れ、翌日千住で火葬の折にも参列し、十八日には蝋燭一箱を納めている。また明治七年（一八七四）七月二十七日には早世した八代目の長男佐太郎の形見分けをした際に名前がみえ、十一月七日に八代目は釘鉄銅物問屋の団扇を注文している。

このように、恵比寿屋庄七一家は紀伊国屋三谷家とはすでに七代目の時代から交際があり、その死後直後から葬儀のすべてにかかわっているなど、並々ならぬ関係がうかがえるのである。

ところで、八代目は資金を投じて三代豊国をはじめとする浮世絵師に錦絵を描かせていたことが知られているが、三谷家には版下絵を画帖に仕立てたものが多数残されている。版下絵は裏返して版木に貼りつけられ、そのまま上から彫られていくという錦絵の制作過程を考えれば、これらは改印を得た段階で中断となり、いずれも未刊に終わったものとわかるが、この画帖はのちに孫の十代目長三郎がこれらを整理したものであり、その序文には祖父の業績と編集の意図が記されている。そこで十代目は祖父を評して「予

図40　三代豊国「当盛年中行事　水無月　都四条河原夕涼」

が祖父（即ち八世）は商業に精通せしのみならず、又絵画の道にも精しく、故に当時有名なる歌川豊国（二世）首め其他の画師に筆を採らせ、風俗景色等の画をか丶せ、聊か斯道へ尽さんとて、弘化より明治に至る参拾余年の長き間、夥多の資金を投じて之れを出版する事度々なりし程なれば、其時代の名人の筆に成りし、下画其他自然と多く蔵するに至りし」と述べている。このように、八代目は弘化年間（一八四四〜四八）から明治初期にかけて膨大な浮世絵を収集した。これらは三代豊国・国芳・広重を中心に、幕末期に活躍した歌川派の絵師による多色摺のものが多く、当時最高峰の木版技術を駆使した初摺の作品が大半である。そしてこのなかには恵比寿屋の版元印のあるものが少なくないのである。

ここで取り上げたいのは、三代豊国の恵比寿屋版横大判役者風俗図（版下）「当盛年中行事」三一図である。これは当初は安政元年（一八五四）春に出版の予定であったとみられるが、出版は延引され、一部は役者の顔部分に貼紙をして別の役者に描き直して同四年に改を受けているものである。岩切友里子氏によると、この版下絵は当時の役者だけで描く予定であったが、出版にいたらぬうちに八代目団十郎（一八二三〜五四）など死去した役者があったためか、一部を故人の役者似顔に描き直して、古今の役者を集めた体裁に変更しようとしたようである。そして背景となっている場所をみると、王子・堀切・関屋・花屋敷など江戸の東北郊が多いようだが、このなかに「卯月　浪花八軒家出舟」・「水無月　都四条河原夕涼」・「風待月　西照庵の集会」・「晩冬　浪花恵美寿橋の積雪」など上方を舞台にしたものが散見される。これは場面や構図から考えて、八代目が嘉永四年の旅の思い出を錦絵の上に残すべく、三代豊国に図様の指示を与えたものと考えられるのである。

このように、八代目長三郎は嘉永四年の長旅で得た知見を土台として、当時台頭してきたばかりの恵比寿屋をはじめ、円熟した筆を走らせる晩年の三代豊国ら浮世絵師と深く交わり、錦絵のパトロンとして幕末期江戸の文化に足跡を残していったのである。そしてこの三者の存在を象徴的に示しているのが、「錦昇堂版役者大首絵」のシリーズである。

錦昇堂版役者大首絵

恵比寿屋庄七（錦昇堂）の存在を高からしめている最大の作品は、三代豊国の役者大首絵であろう。こ

図41　「八代目岩井粂三郎　当時二代目紫若ト改　燕子」

れは「錦昇堂版役者大首絵」と呼ばれ、万延元年（一八六〇）から慶応元年（一八六五）にかけて出版された三代豊国の最晩年の大作である。以下岩切氏の分析を紹介しよう。

このシリーズの総数については、元治元年（一八六四）に三代豊国が没した際に出された追善の肖像画の賛に「当時発市《はっし》の俳優似顔絵の半身大首の大錦絵、今百五十余番に及び近きに満尾《まんび》に至らんとす」と記されているものの、これまでに確認されているのは刊行された六〇図の錦絵と六図の校合摺（うち版木一）のみであった。

ところが前述三谷家寄託資料のなかに、「二世豊国正筆　役者大首」の題簽のある画帖があって、これには版下・画稿六八図（うち一図は歌川芳虎画）が貼り込まれていることがわかった。二世豊国とは、まさしく後世我々が三代豊国と呼んでいる人物であり、この版下・画稿には文久三年（一八六三）・元治元年（一八六四）・慶応元年（一八六五）の三種の改印がみられる。そしてこのなかの五六図が三代豊国が恵比寿屋から版行を意図していた「錦昇堂版役者大首絵」の版下絵なのである。またこのうち「七十八

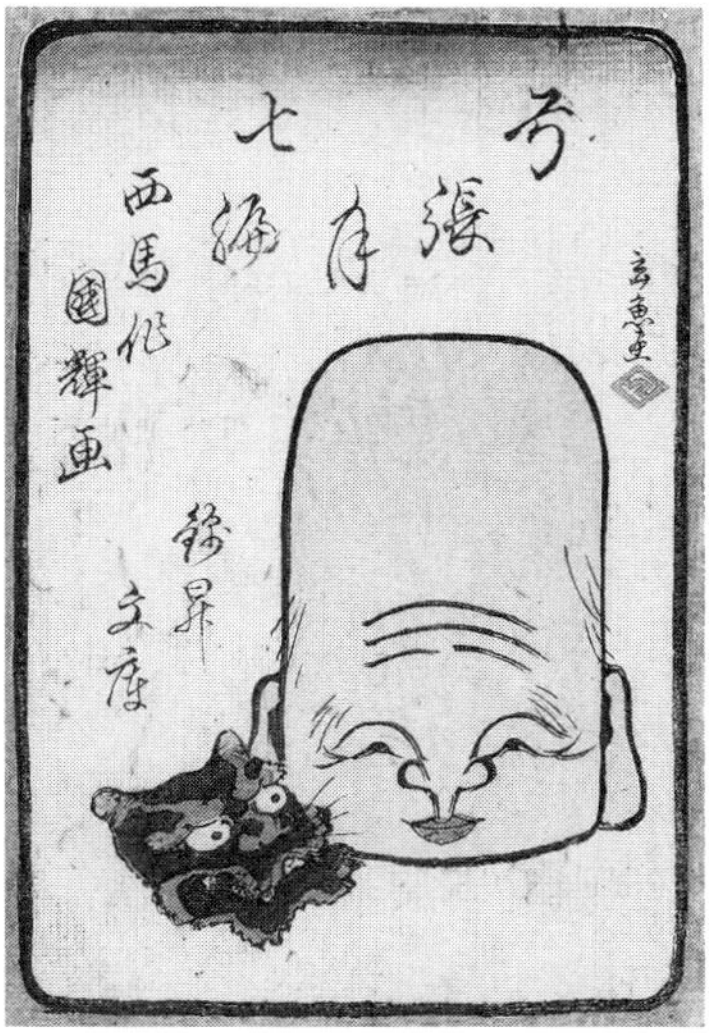

図42　『弓張月春廼宵栄』七編表紙

図43　『弓張月春廼宵栄』廿三編表紙

歳」の署名のある図が二〇図、「七十九歳」の図は二六図ある。三代豊国が没したのは元治元年十二月十五日であるが、翌年慶応元年の「丑八改」の改印をもつ図が一八図あり、錦昇堂には彼の没後も出版の意向はあったようだが、肝心のパトロンである八代目長三郎が意欲を失ったためか、遺稿の出版は市川市蔵が没した慶応元年三月に改を受けた「髪結才三郎」の一図を除いて果たされずに終わっている。

　これらの版下絵には書込のあるもの（図41）など、シリーズ制作の過程がわかるものも多く、この画帖の出現によって、同シリーズの全体に近い構想が見渡されることになる。なおこの画帖には、これと同形式の歌川芳虎の作品も恵比寿屋によって一〇図出版されており、本画帖には芳虎画の草稿一図も含まれている。

明治四十一年（一九〇八）に十代目長三郎が帝室博物館（現東京国立博物館）に寄贈した画帖には、完成作品七〇図とともに三代豊国がこのシリーズについて八代目とやりとりをした文久三年の書簡も添付されていた（大久保純一「三世豊国晩年の書簡と役者大首絵」）。この書簡中には、完成作品の知られていない役者名もあったが、本画帖のうち、「うつしゑの田之助」「大谷徳次」「中山富三郎」「坂東重太郎」「実川額十郎（初名浅尾勇次郎）」が書簡中の役者の図に該当することが判明しているのである。

このシリーズはすでに知られている完成作品をみても歴然としているように、当時の錦絵の技術の粋を集めた名作揃いであって、制作費用も高額だったと考えるのが妥当だろう。だとすれば、恵比寿屋のパトロンたる紀伊国屋長三郎は相当額の資金を投下しているはずであり、このような私的事業を可能にする財力を蓄えた彼は、まさに幕末の代表的な上層町人ということができる。

明治維新後の恵比寿屋

明治時代になってから恵比寿屋の経営はどうなったのだろうか。三谷家に残された史料をみると、熊谷姓を名乗るようになった庄七は明治五年（一八七二）七月、東京商社から六〇〇両を借用する際に八代目長三郎に保証人を頼んでいる。このとき長三郎は店の丁銅五〇〇〇斤を抵当としているが、恵比寿屋は翌年十二月に店舗が類焼したこともあって、同七年三月には借用の延長を願っている。この延長の理由について、恵比寿屋は明治七年二月に東京商社に宛てた嘆願書で「私儀近来漸々業体薄、旦先祖右拝借金返納為目途取設候西洋御写器械、是又当時近日開化之際日業日々殖増候ニ付、尤摺上之書籍価案外下落旁差配罷在候折柄、不図去十二月中之火災ニて悉皆及焼亡」と述べていることから、この時期恵比寿屋は借金返済の主軸として「西洋御写器械」なるものを導入したものの、書籍価格の下落と前年の火災によって店舗をことごとく焼失したことで経営難に陥り、返済期日の延長を願わざるを得なかったようである。

そこで注目されるのが、「西洋御写器械」の実態である。明治五年（一八七二）二月二十一日に創刊した東京日日新聞と恵比寿屋とのかかわりは意外と知られていない。明治三十七年十一月十日の同誌一万号記念特集で創立者の一人西田伝助（一八三八～一九一〇）が語ったところによれば、条野伝平宅を本社として創立された当初は活版の活字不足に悩み、ちょうど上海から活字を買い入れてこれから活版屋を始めようとしていた恵比寿屋（蛭子屋）に依頼し、本町二丁目の瑞穂屋卯三郎が外国から購入したフート器械があることを知って、印刷については瑞穂屋に頼んで印刷したのだという。この活版こそが「西洋御写器械」と思われ、明治初期の恵比寿屋は活字を主力とする方向を模索していたことがわかる。もっとも、このとき恵比寿屋庄七は息子金次郎に活版刷りの準備をさせたものの間に合わず、結局創刊号は手馴れた木版バレン刷りであったのだが、こうして「条野が原稿を書く、夫を蛭子屋へ持って行て組んで貰ひ、組み上ったものを瑞穂屋の店へ持って行て刷る」という混乱のなかで、一枚一四〇文で創刊された当初の東京日日新聞の顔ぶれをみると、創立者三人のうち、西田は貸本屋辻伝右衛門の番頭出身、条野伝平（一八三二～一九〇二）は戯作者として「山々亭有人」の筆名をもち、落合幾次郎（一八三三～一九〇四）は国芳

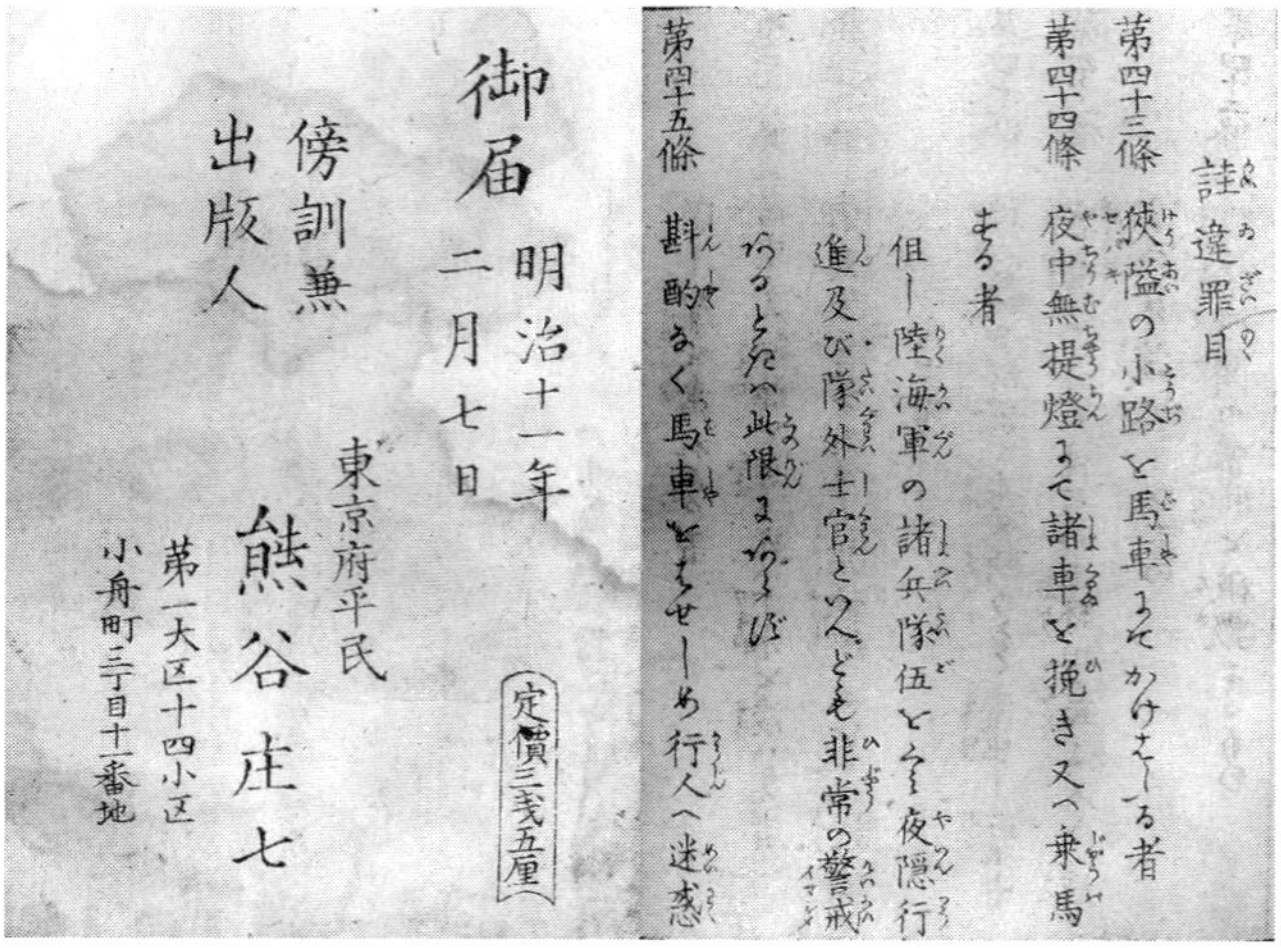

図44　『違式註違条例』

門下で芳幾の名をもつ浮世絵師であった。江戸庶民は書籍を買うよりも貸本屋を通じて借りて読むのが一般的で、貸本屋で取り扱うものの多くは浮世絵師による挿絵を豊富に盛り込んだ黄表紙・合巻・読本などであったし、戯作者は錦絵の詞書に筆を取ることも多かったことを考えれば、彼らが恵比寿屋の活版に期待したのは当然の成り行きであっただろう。

なお、恵比寿屋はすでに慶応四年（一八六八）に岸田吟香（一八三三〜一九〇五）と駐日ハワイ総領事ヴァン・リードが横浜居留地で発行した民営新聞『横浜新報もしほ草』（明治三年まで存続）の印刷を手がけており、吟香が佐幕記事を書いて新政府を追われた際には恵比寿屋は彼をかくまったという伝承がある。また吟香自身も明治六年（一八七三）に東京日日新聞に入社し、主筆となっている。

このように、明治初期の恵比寿屋は浮世絵師・戯作

図45　「能画猩々図屏風」

者を中心とした旧来の出版様式から、吟香のような新聞記者を加えることで、進取の精神を発揮し新事業に挑んだ。その試みとして、東京日日新聞の二～一一号を輸入した上海版の明朝体活字、一二～二六号を木版で印刷したが、明治五年三月六日から東京日日新聞が社屋を元大坂町新道の辻伝右衛門方に移して自社で印刷を手がけるようになると、その役目を後退させていった。その後恵比寿屋を襲った火災で彼を資金的に支えたのも八代目長三郎であったが、彼は新聞錦絵という新たなジャンルに注目し、「郵便報知新聞」に活路を見出していく。また図44のように、明治十一年には『違式詿違条例』の版元にもなっていることがわかる。しかし、こうした足取りは明治十年代になるとぷつりと途絶える。これ以後恵比寿屋はその存在を時代の流れのなかに埋めていったようである。

八代目長三郎の交友関係

以上のように、八代目紀伊国屋長三郎は幕末～明治初期の上層町人かつ文化人であり、恵比寿屋庄七―三代豊国・国芳・初代広重―八代目長三郎という人脈の構図が明らかになった。では、彼の交友範囲のなかには他にどのような人々がいたのだろうか。ここでは特徴的な三人を取り上げてみたい。

①河鍋暁斎《きょうさい》（狂斎、一八三一～八九）

暁斎ははじめ歌川国芳に錦絵を学び、その後狩野派に入門したが、安政元年（一八五四）に独立し、その翌年に江戸を襲った大地震の際に鯰絵を描いたことで知られている。同五年に彼は「狂斎」を号とし狂画を描き始めており、三谷家に伝来した万延元年（一八六〇）の作になる二曲一双の「能画猩々図屏風」（図45）は、八代目が彼に制作を依頼したものである。暁斎はもともと狩野派の修行時代から能・狂言を嗜み、狂言師大蔵弥太夫に入門していることから、多くの能画・狂言画を残している。この屏風は若き日の作品として貴重であるとともに、八代目長三郎が依頼した事実は、国芳ら錦絵業界のルートを介したつながりとして捉えることができよう。また、八代目と彼との関係について、三谷家の日記によれば、元治元年（一八六四）八月十六日（同家過去帳では十九日となっている）に死去した七代目長兵衛の葬儀に際し、「菓子折一　画師　狂斎様」の記載があり、このとき暁斎は菓子折を送っていることがわかる。

このように紀伊国屋三谷家七・八代目との浅からぬ関係がうかがえる暁斎であるが、彼は文久三年（一八六三）四月に恵比寿屋庄七をともなって見世物の象の写生をし、これが錦絵「天竺渡来大評判象の戯遊」になるなど、恵比寿屋との関係もあったことがわかり、恵比寿屋—暁斎—八代目長三郎という人間関係が想定できるのである。

②三遊亭圓朝（一八三九～一九〇〇）

圓朝は周知のごとく、幕末から明治前期にかけて活躍した落語家で、落語中興の祖と仰がれる人物である。彼は初代橘家圓太郎の子として生まれ、幼時より修行を積んでいるが、一時期錦絵の世界に身を置いていた経歴があり、嘉永四年（一八五一）に十三歳で歌川国芳に入門していることは留意すべきであろう。

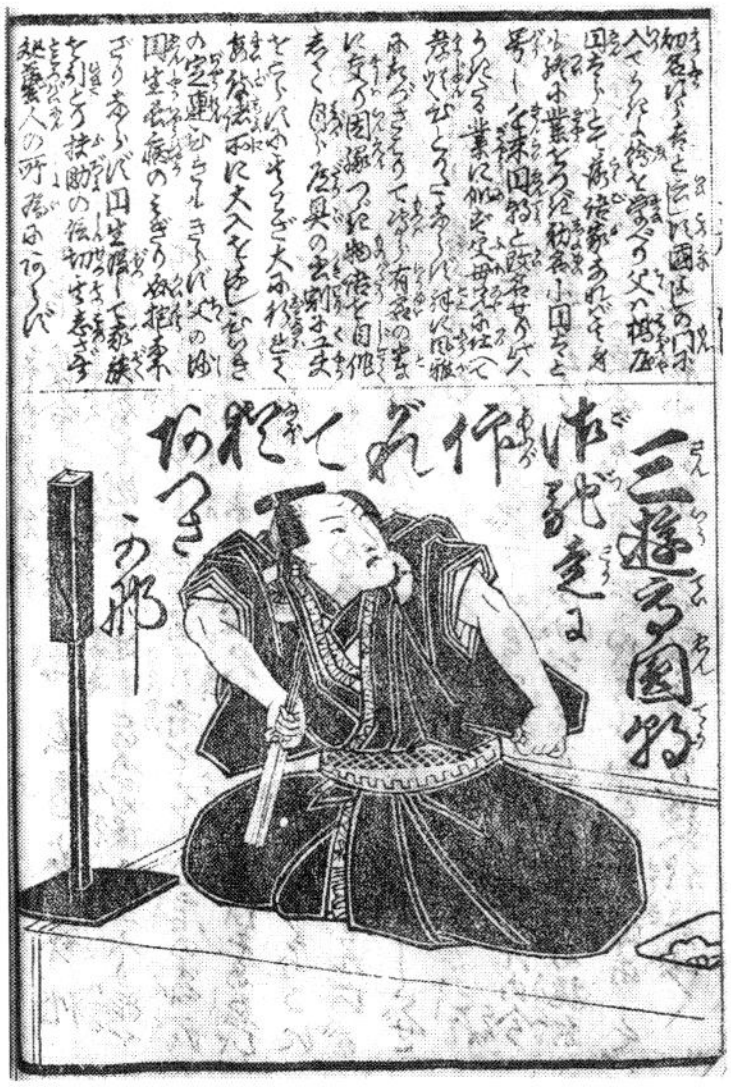

図46　『粋狂奇人伝』三遊亭圓朝

ところで八代目の子息佐次郎（一八四六～七四）は明治七年六月十二日に二十九歳の若さで死去したが、日記の記述によれば、初七日にあたる十八日に三谷家の菩提寺である浅草宗円寺

に親類・別家（支店）の人たちが集まるなか、圓朝があらわれている。このとき持参した草花には、

かうならバ　ミておこふ　物けの花

という手向の句が付されていたといい、また三十七日には七代目長兵衛夫人が宗円寺へ墓参に行くと、引き裂いた鼻紙に

をしむ様　たゝなきいまの　清水哉　圓朝

と追悼の句を記してこれを花に結び付け、佐次郎の墓に供えてあったという。三谷家側では、これは逮夜の日に圓朝が墓参した折のものであろうと推測していたようだが、圓朝のいきなはからいのなかに、八代目親子との日常的な浅からぬ交流がうかがえるのである。

またもう一つ興味深いのは、彼は文久三年（一八六三）に酔狂連に加ったことである。すでに述べたように、酔狂連とは文久から維新前後にかけて流行した三題咄の会で、この年「粋狂奇人伝」が発行されている。そもそもこの会は、山々亭有人（条野伝平）と梅素亭玄魚が文久初年に馬喰町の料亭松本で三題咄の試演会を開いたことに始まるといい、メンバーには仮名垣魯文・歌川芳幾ら戯作・浮世絵界のほか、瀬川如皐・河竹黙阿弥や柳亭左楽・春風亭柳枝など、歌舞伎界・落語界の面々が多く名を連ねていて、錦絵の世界と寄席の世界との密接な交流のほどがうかがえる。

このように、八代目長三郎はここでも錦絵の世界を媒介として寄席の世界とも少なからぬ交流を築いていたことが明らかになってくる。

③梅素亭玄魚（一八一七〜八〇）

梅素亭玄魚は幕末・維新期のメディアプロデューサーというべき存在であったことは、すでに述べたが、あらためて注目してきたいのが、前掲の「大日本海陸全図」（図31）である。これは文久四年（一八六四）に出された彩色の日本全図で、整軒玄魚、すなわち梅素亭玄魚が著したものであるが、左隅には次のような記載がある。

官許　文久四甲子年新春

小舟町三丁目照降町

東都書肆　恵比寿屋庄七梓

また地図の右下には解題として以下の記載もみられる。

古来皇国ノ地図官庫秘府ノ御本ハ知ラズ、坊間流布ノ刊本ハ何レモ全備シテ誤脱ナキハ未見及バズ、唯往年地学ニ名ヲ轟シタリシ水府赤水先生輿地全図ハ紙幅少クテ微細ニコソ書記サレ、子錯誤ハ大方アラヌヤウナリ、同人ノ撰述ニ猶刊布セザルモノ一種、希ニ世ニ伝タルヲ在下抄録シオキタレハ、彼此参考シ加之海路ノ里数ヲ少ク精密ニ増潤シテ新ニ海陸日本図ト号、然ハアレト寡聞浅学ニテ倉皇中ニ業ヲ卒タレハ、猶オモヒカケヌ過失ハ少ナカラシ

江都　整軒玄魚図書

右の解題では、水戸藩の地理学者長久保赤水の「改正日本輿地路程全図」を元にしつつ、これに海路の

里数を加えた日本図を作成したことを述べているが、この図の版元が恵比寿屋庄七なのである。

一方、時代が下って明治七年（一八七四）七月三日から七〇日間、回向院で嵯峨清涼寺釈迦如来の出開帳がなされたが、八代目長三郎の日記には、釈迦如来東京到着の際に彼は幕末以来の同業者であった日本橋通油町の中島屋（栗谷）源六と話し合い、「白モヘル」（白モヘアか）に玄魚に字を書かせ、そのまわりに黒毛繻子を配した旗を老舗呉服店の大丸で誂えたとの記事がある。

ここで明らかなのは、恵比寿屋―梅素亭玄魚―八代目長三郎という構図であって、やはり八代目長三郎は錦絵の世界を通じて玄魚ともかかわりをもっていたとみて間違いないだろう。さらに前掲『滑稽富士詣』の版元が恵比寿屋であった事実は、仮名垣魯文とのつながりまで想定することができるわけで、ここに納札に近似した人脈を、恵比寿屋から垣間見ることができるのである。

以上のように、八代目紀伊国屋長三郎は、河鍋狂斎・三遊亭圓朝・梅素亭玄魚・三代豊国・国芳・広重・芳幾・恵比寿屋庄七・仮名垣魯文・山々亭有人など、幕末から明治初期の江戸東京の庶民文化を支えた人々と交差する人物であったことがわかるのである。そしてこれが上層町人、ひいては都市江戸・東京の上層民の文化的交流関係のなかに、錦絵を軸とする文化社会があったことを示しているのである。

二　「中人以下」の世界

斎藤月岑による江戸の中下層民の視線

神田塗師町の豪商八代目紀伊国屋長三郎とともに、上層町人として知られるのが、神田雉子町名主の市左衛門こと、斎藤月岑（幸成、一八〇四～七八）である。彼は町名主の業務のかたわら、祖父幸雄・父幸孝が編纂した『江戸名所図会』を刊行にこぎつけたほか、『東都歳事記』『武江年表』『声曲類纂』など多くの著作を精力的に刊行した人物として著名である。そして彼が紹介する内容は、近世後期における江戸庶民の文化的世界を詳細に記しており、現在もっとも頻繁に引用されている江戸文献のひとつである。そこで、ここでは彼の視線はどこにあるのかを考えてみることにしよう。

『武江年表』は、天正十八年（一五九〇）の徳川家康の入府以降の江戸に関するさまざまな出来事を編年体で叙述した年表であるが、その冒頭の「提要」には、次のように記されている。

此の編に載る所は、中人以下の耳目に触るるところにして、地理の沿革或ひは坊間の風俗、事物の権輿に至るまで、獲るに随ひて誌す。素より公辺の御事は伺ひ知るべきにあらず、たま〳〵伝聞せる事も、憚多ければこゝに漏らせり。

「提要」とはこの書の要約であり、いわば執筆にあたっての基本姿勢を表明したものと考えてよいだろう。ここで月岑は右のように「公辺」すなわち政治向きの話題はあえて避け、「中人以下」の世界で目にし耳にするような出来事を採録するのだと述べているのである。

第一章でも述べたように、月岑は江戸幕府創設後間もない時期から名主として雉子町・三河町三丁目・四丁目・四丁目裏町・四軒町の合計六ケ町（現在の神田司町と小川町の一部）を支配する斎藤家の九代目当主である。

そもそも町名主の業務には町内業務と町外業務とに大別でき、町内業務としては①町触の伝達、②人別改め（戸籍調査とキリシタン取締り）、③火の元の取締り・消防、④町内の訴訟事件の和解、⑤家屋敷の売買譲渡の証文などの検閲といったものがこれにあたる。

一方、町外の業務は各名主によって異なるが、月岑の日記をみていくと、彼の場合は勧進能の興行・神田明神祭礼の運営などに携わり、天保改革（一八四一～四三）の時期には市中の取締を命じられている。神田祭は将軍をはじめとすることに神田祭に際しては月岑も三カ月ほど前から連日準備にあたっている。神田祭は将軍をはじめとする武士層に対して活気ある江戸庶民の実力をアピールする格好の場面でもあり、町名主月岑にとっては同時に江戸町人の代表という自負があったのではないかと考えられる。また斎藤家は神田青物市場を管轄していた。青物市場は須田町・多町・連雀町・永富町などに集中する青物問屋街をさし、取引は各問屋の店先で行われていた。将軍や大奥をはじめとする江戸城内のお歴々が口にする青物を竜の口へ運ぶ役人一行は、それは威勢のよいものであったといわれているが、月岑は新白銀町一丁目の青物役所において毎朝江戸城で消費する青物の供給を、問屋と幕府賄方の役人との間に立って差配する役目を担っていたようである。月岑の日記をみていくと、この他にも臨時の業務として物価の高騰したときには御救い米の配給を行い、幕末の開港後は東京湾に停泊する異国船や、アメリカの使節が宿泊する九段坂下の蕃書調所への物資の調達を請け負っている記事などがみられる。

このように月岑をはじめとする町名主は江戸の行政機関の末端を担い町内の住民を管理すると同時に、住民の立場に立って意見や陳情を代弁する役目を担っていたのである。それゆえ、「中人以下」の庶民層と日常的なつながりのなかで培った視線で著述がなされているものとみてよいだろう。そして「公辺」の対極的概念に「中人以下」を置くことによって、武家とこれに権益的に結びついた上層町人とは別に、「中人以下」の庶民層に特有の文化が備わっていることを指摘しているのである。

そこで気付くのが、すでに第一章でも触れた『東都歳事記』二月初午の項の「千社参りと号して、稲荷千社へ詣るもの、小き紙に己が名所を記したる札をはりてしるしとす。此族殊に多し。何れも中人以下の態なり」というくだりである。初午の日に稲荷千社参りを行う面々は「中人以下」にのみみられる独特の習俗であるというのである。同様の記述は六月二十六日の項にもみられることに注目したい。

相州大山参詣の輩廿五日の頃より江戸を立つ　江戸并に近国近在よりの参詣夥し。詣人木太刀を神前へ納、又余人の納たるを持帰りて守とす。小きは七八寸、大なるは丈余に及ぶ。

…（中略）…

石尊垢離取　大山参詣の者、大川に出て垢離を取、後禅定す。又重き病者ある時は、近隣の者川にひたりて、当社を祈る。手毎にわらしべを持て、高声に祈念し、水中に投ず。流るゝを以てよしとし、たゞよふを以てあしとすとなん。崖下庵云、さんげ〳〵　六こんざいしやう、おしめにはつだい、こんがうどうじ、大山大聖不動明王、石尊大権現、大天狗小天狗といふ文を唱ふる事、さんげ〳〵は慚愧懺悔なり。ろくこんざいしやうは六根罪障なり。おしめにはつだいは、大峯八大なり。こと〴〵く誤れども、信の心をもって納受し給ふならん。この事中人以下のわざにして、以上の人はなしといへり

大山詣には独特の参詣習俗があって、江戸庶民のなかには講を組んで先達をたて、両国橋東詰で水垢離をとってから出立し、大きな木太刀をかついで山頂まで登る者たちがいた。山頂に辿り着いた彼らは、もってきた木太刀を石尊社に奉納し、代わりに新しいものを頂戴してもち帰ったのである。

半纏に鉢巻・梵天の出で立ちで一丈（約三メートル）余の木太刀をかつぎ、法螺貝を吹く先達に合わせて「懺悔懺悔　六根清浄」と唱える彼らについて、月岑は「中人以下のわざにして、以上の人はなし」として上層町人とは異なった、江戸庶民特有の習俗であると記している。その一方で彼は「信の心をもって納受し給ふならん」と述べて、彼らの信仰心から来る行動様式であると認めているのである。近世後期、大山には富士とともに江戸庶民の活発な参詣・行楽活動がみられたことで知られている。信心三分であっても旺盛な参詣活動を繰り広げる彼らの活動に、月岑は千社参りを行う面々と通底する要素を見出したのではなかろうか。彼らの大山詣の光景は錦絵にも度々描かれているが、侠気に満ちた職人の姿を彷彿とさ

せる場合が多いのも特徴である。

彼はその一方で「鄙賎・貴賎・良賎」という言葉も用いている。『東都歳事記』の「提要」には、「凡此編は、毎歳江府にあらゆる神社の祭祀仏院の法会、并に貴賎歳時の俗事に至る迄、節序に随て是を輯録し、遠邦他境の人をして東都歳事の繁多なるあらましを知らしめんとす」とあって、こちらは「貴賎」、すなわち上層町人を含めた江戸社会全般を対象に据えていると解釈することができる。

このようにみていくと、月岑は「中人以下」の世界を描くといいつつも、とりわけ上層町人がけっして行わないような、独特な行動様式に関してこの語を文中で使用していると考えてよさそうである。

銅器職講奉納の大山の銅鳥居

神奈川県伊勢原市には大山という標高一二五二メートルの山がある。その中腹に阿夫利神社の下社が、山頂には本社（石尊本宮）があり、麓には宿坊が軒を連ねている。大山は江戸時代、江戸庶民が行楽を兼ねて参詣した場所として知られ、特に六月二十七日から七月十七日の間は山頂の石尊社に登拝が許されていた（それ以外の時期は中腹の不動堂まで）。

実際、麓から山頂まで延々と続く急な登山道を登っていくと、参道の至る所に江戸東京の者による奉納物があるのに気付く。そして奉納者には屋号の記載のある商人か、職人と思われる名前、それに鳶・火消の名が大半を占めていることがわかり、月岑の指摘がそのまま奉納物に反映されていることがわかるので

図47　大山銅鳥居全景

ある。

ここで取り上げたいのは、これらの奉納物のうち、本社を目前に控えた参道（二十六丁目）に立つ銅鳥居（図47）である。この鳥居には「奉納　東京　銅器職講」と記されていて、表10に挙げたように講員数十名が居住地とともに刻まれている（表の作成にあたっては、筆者が登拝中に撮影した画像をもとにしているため、判読できていない部分があり、この点については他日を期したい）。そしてこの末尾には次のように記されている。

神田元岩井町
二世　嘉多安書之（角印）
先導師
良弁滝　亀井正縄

これにより、この銅鳥居が東京の銅器職講によって建てられ、奉納者銘などは講員である神田元岩井町

表10　大山阿夫利神社本社参道銅鳥居の奉納者銘

向かって左側		
上段	浅草福井町	鍛冶吉
	神田東福田町	高田
	神田元岩井町	古川兼吉
	神田元岩井町	高野
	神田材木町	遠平
	神田東福田町	遠忠
	神田東福田町	稲葉
	神田東福田町	中寅
	神田弁慶橋	すし初
	神田岩本町	鍛冶万
	神田今川橋	黒崎
中段	神田大和町	家根銀
	神田紺屋町	みし塚
	神田千代田町	さが□
	神田西松下町	高尾
	神田雉子町	鍛冶彦
	神田三崎町	重の井
	神田紺屋町	形兼
	神田皆川町	桶末
	神田元岩井町	箱熊
	神田豊島町	箱長
	神田紺屋町	箱源
	神田元柳原町	しば鉄
	神田三河町三	鍛冶梅
	神田鍋町	雁金
	神田乗物町	瓦豊
	神田多町一	大利
	神田松下町	大巳一
下段（世話人）	神田紺屋町	銅勇
	神田松枝町	銅彦
	神田東龍閑町	内山
	神田佐久間町	延吉
	神田富松町	銅藤
	神田東福田町	延仙
	横浜長者町	銅吉
	神田松枝町	上戸屋
	神田東福田町	銅卯
	神田岩本町	銅仙
	神田富山町	銅五良
	神田旅籠町	銅良
	神田新銀町	銅兼
	神田鍛冶町	銅由
	神田塗師町	上戸六
	神田雉子町	銅豊
	神田松枝町	銅岩

向かって右側		
上段	神田東松下町	たが　鍛冶兼
	南新堀二	真木正太郎
	神田東福田町	鋲勝
	第四区五番組	鳶　直吉
	神田福田町	鍛冶卯
	神田福田町	鍛冶丑
	神田松下町	田村繁蔵
	神田連雀町	金清楼
	神田東西便（ママ）	愛助
	日本橋区亀井町	籠琴
	日本橋区亀井町	鍛冶治郎
	日本橋区馬喰四	鍛冶孫
	神田松枝町	鎮伊
	神田松枝町	鋳友
	神田元岩井町	形安
	神田九軒町	金八
	神田大和町	久弐
下段（世話人）	日本橋区亀井町	銅音
	日本橋区亀井町	銅金
	日本橋区亀井町	銅富
	日本橋区小伝馬上町	銅弥
	日本橋区小伝馬上町	延徳
	日本橋区大伝馬塩町	銅安
	日本橋区□町	銅鎌
	日本橋区本石町	銅吉
	京橋区和泉町	銅滝
	京橋区本八丁堀	銅徳
	下谷区徒士町	銅慶
	下谷区入谷町	銅良
	浅草区福富町	銅□
	浅草区花川戸町	銅源
	浅草区橋場町	銅善
	本所区長岡町	河友
	本所区横川町	井上

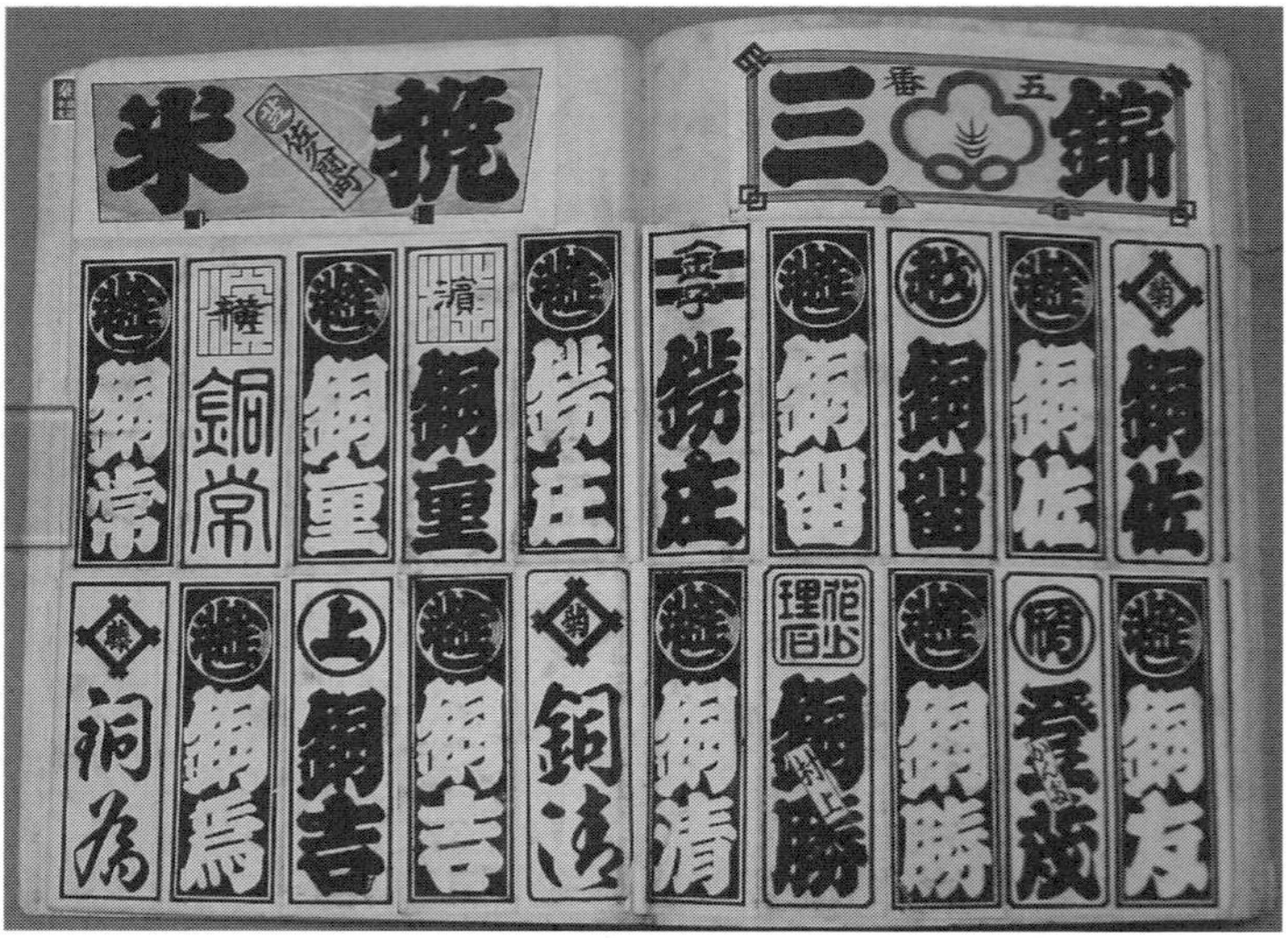

図48　「納札題名集　五」

の二世嘉多安（形安）の揮毫によるものとわかる。また建立年代は明治三十四年（一九〇一）である。銅器職講は大山の麓良弁滝の亀井正縄が先導師を務める講組織で、構成員は東京市内で銅器を作る職人と考えられ、「銅」を冠する名が多い。次頁の表から彼らの居住地の分布をみると、神田を中心に、日本橋・浅草などの銅器職人からなることがわかる。日本橋のうち亀井町・小伝馬上町が神田に隣接していることを考えれば、神田周辺が銅器職人の中心地であったと思われ、これに鳶・寿司屋・茶屋・屋根職・瓦屋などを加えた集団がこの銅器職講を形成していたようである。

　銅器職人は江戸東京の銅の流通過程の末端に位置し、多くは前述の紀伊国屋三谷家のような銅物問屋・伸銅品問屋から銅板などを仕入れてこれを加工していた。右の銅鳥居奉納からは、彼らが問屋層とは異なる独自の連帯組織を作り上げていたことがうかがえ、こうしたつながりは、その業態からみて、幕末〜明治初期にはすでに存在していたとみてよいのではないだろうか。それはあたかも斎藤月岑が、大山詣に独特の参詣習俗をみせる江戸庶民と自らの属する上層町人の世界とが異なることを指摘しているように、銅というひとつの流通過程をめぐっても、問屋層と職人層という異なる連帯組織の存在があったといえよう。

前者の代表的事例として紀伊国屋三谷家の文化活動を取り上げてきたが、後者にもこれに比肩しうる独特の文化活動がみられた。幕末維新期の落書・読売や藤岡屋由蔵が収集した巷の情報記録集ともいうべき『藤岡屋日記』の記述などは、彼ら庶民層が豊富な情報収集能力・文化的表現能力をもっていたことを如実に表している。そして神田・山王両祭礼を実質的に支えたのが多数の江戸東京の庶民であったことも解明されてきている。そこでここでは後者の事例として銅器職人の文化活動の一端をみていくことにしたい。

右の銅鳥居に名を連ねているものの多くは、職業と名前・屋号と名前を合体し省略させたものと考えられる納札に通底する題名であろう。このことを裏付けるものとして、「題名納札集　五」（神田神社所蔵、図48）には、次のような記載のある札があった。

創立ヨリ廿五年ニ相成ヲ以テ、同好信者ト共ニ明治三十五年十月廿三日納札会ヲ催シ、紀念トス
金港連
銅吉

会主　銅留
　　　畳浅

これは金港連が創立二十五周年を記念して明治三十五年（一九〇二）十月十三日、「銅吉」・「銅留」・「畳浅」が会主となって開催された納札会のときに配られた札と思われる。その連の名前から「銅吉」とは、大山の銅鳥居奉納者のなかにみえる横浜長者町の銅吉のことかとも思えるが、定かではない。この貼込帖には図の「銅吉」・「銅留」のほか、「銅佐」・「銅友」・「銅勝」・「銅清」・「銅重」・「銅常」・「銅為」などの札が貼られていて、納札活動に参加する銅器職人が少なからず存在したことを示している。右の金港連が明治十年に発足したことを考えれば、明治〜大正期に大山詣や納札活動に足跡を残す銅器職人たちは、この時期庶民層として独自の文化活動を展開していたことが明らかであり、それは幕末の江戸以来の系譜をたどるものと考えられるのである。問屋組織と職人組織、江戸東京の銅物流通は異なる二つの文化を開花させ、ともに都市住民の世界観の一面を現代に垣間見せてくれているといえよう。こうした二つの方向性はさまざまな流通の局面にみられたと考えられ、特に中下層民に対応する職人組織に顕著にみられる文化活動のひとつに納札・千社札があったということができるだろう。

第六章　江戸文化の継承と納札文化

一　富士信仰と千社札

今日富士山を訪れると、無数の石造物・絵馬・扁額・マネキなどの奉納物に出会う。これらのなかには文字・画題が千社札に通底するものが少なくないことに気づかされる。一例として上吉田の石造物をみると（表11参照）、「いせ万」や「志ん馬」「近松」「田夕梅」などの題名のみえるものが点在していることがわかる（傍線部参照）。なかには「東都納札会」の名が彫られているものもあるほか、「高橋藤」は納札の書家として初代が明治期を中心に、二代目が明治末から戦後にかけて活躍した活動家である。そしてこれらの石造物をみるといずれも大正期～昭和初期であり、この頃に納札活動家による富士登拝が盛んに行われていたことをうかがわせる。

表11　上吉田の石造物にみられる納札家

場　所	年代	内　容
北口本宮冨士浅間神社	1934	(C)（講印）日野直三郎　同　桜井仁助　同　五十嵐久太郎　（講印）深川永代二神奈磯　同　神奈辰　同　佐徳　（講印）千住　北島弥八　千住　（講印）一心講（講印）先達　木本辨次郎（講印）先達　橋本三右ヱ門　田中啓二　（講印）大島　先達　浦野與平　世話人　山田鎌次郎（講印）講元　山田鉄太郎　先達　山口豊吉　副先達　榎本千代松　小池代吉　阿部林作　（講印）小唄　田村香金　よ組紺三　東両国　ひら岩　濱三　（講印）倉持　両国　高橋　藤
		(E) 御水（講印）講　田辺亀治郎　本所西の屋　村井鍋次郎　桜井松雄　村井長次郎　砂町　桜井雅雄　砂町　永田隆二郎　深川　永田千太郎　海辺町　永田清三郎　海辺町　鈴木きよ（講印）大先達　重城丈吉　同先達　松本文次郎　金川　志ん馬
		(A) 発起人　岡本春吉　東京分教会　小谷野福三郎　浦野與平治　山原倉吉　山之手十三講　村松政吉　越部権十郎　深川十講睦　永田禎助　清水周作　昭和九年八月建之　石工　平岩政一　書　高橋　藤
北口本宮冨士浅間神社	1916	(正) 東京　（講印）百度石
		(右) やぶ　森田屋　馬八　津保久　七馬　稲晃　先達　染谷　浅草　田か長　巴連　石井新　神田市場　いせ万　馬八　大ひら　馬八　二村　月公　銀花亭　浅草　石栄　日本一の赤　神田　二見　に組　松兼　馬八　木村屋　馬七　高山　園千東　今成屋　川口　牛込　浅草　田夕海　栃三　（講印）近松　両国　高橋藤
		(左) 大正五年六月之建　東京納札会　発起人　東京浅草　笠原栄□郎　武州川口　先達　関口一二三
		(玉垣前右) 武州川口市　新柳月
		(玉垣前左)（講印）講社　(左) 武州川口市　新柳月
		(玉垣後左) 武州川口市　関口一二三
大塚丘	不明	(E) 東京納札会 絵合会 浜町　岩崎　村松町　中村　御行松　千葉　木挽九　鈴留　浜町　浅賀 古今亭　志ん馬　深川　彫源　水谷町　天平 亀島二　（塩）斎田 亀島一　川上留五郎

場所	年代	内容
		亀島町 大野運送店 八丁堀 魚留 八丁堀 花金 日本橋 小松源治 通二 吉野鮨 小伝馬三 川島 尚 深浜 尾金 岡崎町 高村伝之助 岡崎町 間米長十郎
大石茶屋	1922	（正） 四国坂東 百八十八ヶ霊所巡拝 西国秩父 冨獄三十三度登山記念 （講印） 麻布元講社十二代目先達 大教正 内田健次郎（花押） 高橋藤筆
		（裏）大正十一年六月建之
大石茶屋	1925	（正）源頼朝公巻狩仮陣所跡大石
		（右）大正十四年大石茶屋命名ス 先達内田健次郎
		（裏）早川酒造蔵 加賀見新吉 山根伝蔵 田夕梅 山田清太郎 増尾定吉 内田辰五郎 今井やま 鈴木繁太郎 中島虎吉 吉田三不二 芝石朝彫
		（全面）東都田夕梅 かまた 東都高橋藤 東都いせ万 （講印）内田 東都（講印）元講永坂大定 飯五丸田 魚□下薪炭富田 □□□組石菊 （講印）石朝

註：富士吉田市史編さん室編 『一富士吉田市上吉田地区石造物調査報告書一 上吉田の石造物』 1991年より作成。

このような傾向は、奉納されたマネキについてもいえるようである。すなわち、西海賢二氏が調査された膨大なデータのなかにも、納札活動家の題名が多く見出せるのである（『民衆宗教の祈りと姿―マネキ』）。ここではほんの一例だけ紹介しておきたい。富士吉田市の北口本宮冨士浅間神社には大正六年（一九一七）八月奉納の「冨士北口　浅間大神」と書かれた大型の板マネキが残されていて、「神田元同行」として「先達　青山定」「連雀町　波多野亀吉」「新石町　鍋島神酒蔵」「東紺屋町　神保福次郎」「旭町　佐藤政次郎」「世話人　府川卯之助」「願主　高石鶴吉」の七名の他に、一三六名が記されている。このなかには浅草の「田夕梅」、両国の「高橋藤」などの顔もみえるが、「いせ屋（いせ万か）」「西平」「塩栄」といった神田市場の人々をはじめとする神田地域の住人が大半であることがわかる。なかには「塗師町　三谷本店」の顔もみえる。これはさきに述べた紀伊国屋三谷家が大正期に株式会社化して新たに三谷本店と名乗っていたことを表している。

このように、明治末から戦前にかけて、富士信仰には納札活動家が少なからず足跡を残していることがわかるのである。

そもそも富士信仰と千社札とのかかわりは古く、「鳩三思」こと小谷三志、および「いもすら」は小谷三志と交流のあった「若五」に、もし今年富士へ行くなら「おふせぎ」を買ってきてくれるように依頼している。また仮名垣魯文の『滑稽富士詣』は、万延元年（一八六〇）という庚申の御縁年で賑わう富士登山に当て込んで出された作品で、納札家を登場させていることはさきに述べた通りである。この作品が好評を博したことで魯文の知名度が上がったようだが、魯文の周辺に納札家がいて、富士信仰とも近い位置に人間関係を築いていたことは想像に難くない。

そこで次に幕府が富士信仰をどのように捉えていたのか、ここでは法令をもとに考えてみたい。江戸時代に町触は八回出ているのが知られている。まず初期として①寛保二年（一七四二）九月、②安永四年（一七七五）五月、③寛政七年（一七九五）正月、④享和二年（一八〇二）九月の町触がある。

この時期の町触では、職人・日雇取・小商人などが講などをつくって山伏を模倣したいでたちや振る舞いをする実態を取り上げ、特定の宗派に帰属しないこうした習俗が市中で流行することを危惧し禁じている。そしてその代表的なものとして富士講という特定名称が示されている。町触の記述によると、彼らは奉納物建立を申し立て、俗の身分で行衣を着、鈴や数珠をもち、家々の門に立って祭文を唱えて初穂を受けたり、病人にたいして加持祈祷などを行うのだという。つまり、ここでは彼らが独自の宗教的行為をしつつ江戸の庶民世界に入っていく実態が示されているのである。

次に文化～天保期では⑤文化十一年（一八一四）四月、⑥天保十三年（一八四二）二月、⑦同年四月という三度の禁令があり、出開帳の送迎や葬式の際の振る舞いについて、木魚講・題目講とともに富士講が取り締まられている。そこには彼らが木魚や太鼓などを打ち鳴らし、不特定多数の人々を行列に巻き込んで盛大なパフォーマンスを行う実態があったのである。

そして幕末の禁令で知られているのは、⑧嘉永二年（一八四九）九月のみである。ここでも富士講の面々が出開帳の送迎を派手に行うことが禁じられているとともに、これに火消人足が加わり、「かさつ之義」があるという指摘がなされている。初期の町触にあるように、そもそも富士講が職人・日雇取・小商人などを中心に構成されていることを考えれば、これに鳶などの人々が加われば、おのずと「中人以下」と把握される人々の独特な文化現象と捉えることもでき、そこに大山詣の習俗や納札界との関連性を指摘することができる。大山と富士との参詣のセット化現象は指摘されており（原淳一郎『近世寺社参詣の研究』）、習俗としての共通性がこうしたところにあることは明白である。また、実際に幕末期の連札に図49のようなものがあることから、すでにこの頃から富士信仰にちなんだものが画題に用いられていたことがわかる。

図49　富士講をデザインに用いた連札

　このように、納札活動家のなかにはシンボル的存在として富士があり、富士信仰とも近似した社会的背景をもとに展開していった。これは江戸庶民にとっての寺社参詣形態としては当然の帰結といえようが、富士講が小谷三志を輩出するなど、信仰的要素を色濃くし、ときに社会的矛盾に直面していったの対して、千社札は娯楽要素を顕在化させつつ、そうしたエネルギーを文化的活動のなかに融合させていく方向をたどった。納札界から小谷三志が去っていった後の両世界は、これを象徴していよう。

二　札所・納札塚と千社札

千社札・納札と札所との関係は古い。千社札が「稲荷千社参り」に直接的な発祥が求められる一方で、『題名功徳演説』以来、常に説かれているのが、札所巡礼との関係である。永延二年（九八八）、花山法皇は西国の三十三ヶ所をまわり、粉河寺に至り、「むかしより　風にしられぬ　灯火の　光にはるる　後の世のやみ」という和歌を紙に書いて仏前に手向けた。これが納札の始まりとされ、千社札はこの納札に起源を結び付けて解釈されている。また現在秩父札所二十九番の笹戸山長泉院が納札家にとっての聖地とされ、明治四十二年（一九〇九）には「高橋藤」・「いせ万」・「田夕梅」らによって納札塚が築かれている。

秩父札所は江戸から近く、関所を越えることがなく通行手形を入手する面倒な手続きもいらなかったので、特に多く訪れたようである。このほかにも坂東札所のうち第一番の杉本寺など鎌倉周辺の寺院や、十三番札所の浅草寺は江戸の人々も訪れやすかった。それゆえ、現在でも秩父の札所などではお堂や水屋の天井・柱・梁などにびっしりと千社札が貼られている（かつての浅草寺も同様であった）。

ところで、秩父三十二番札所菊水寺には、次のような七枚の古札が現存している。

①　享保（以下破損）

（梵字）奉納秩父順礼三十四処為二世

江戸本所台所町　伊兵衛

②

享保貳酉年四月吉祥日

奉順禮秩父三拾四ヶ所為二世安楽也

江戸市谷左内坂田村源兵衛　内

③

享保貳丁酉四月吉祥日

奉順禮秩父三拾四ヶ所為二世安楽也

江戸市谷左内坂佐藤六兵衛

④

享保貳酉年四月吉祥日

奉順禮秩父三拾四ヶ所為二世安楽

江戸市谷四ッ谷喜兵衛

⑤

享保弐年　江戸本所横網町

奉納秩父三拾四ヶ所為二親

酉四月日　松嶋平三郎

⑥

（表側）

享保二年　江戸本所横網町

奉納秩父三拾四ヶ所順礼為二世安楽

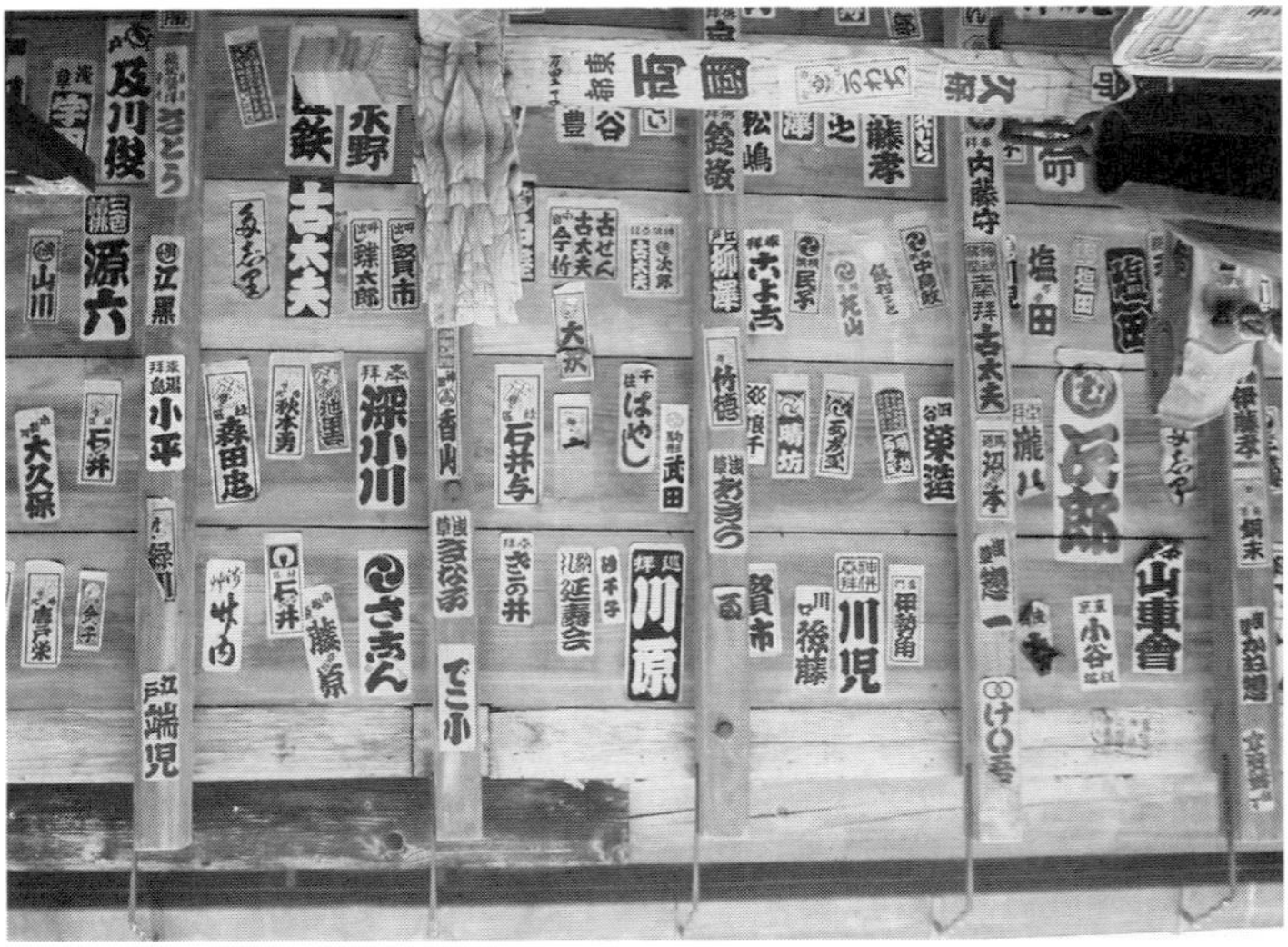

図50　秩父札所に貼られた千社札

酉四月吉日　　　　　　柴田市郎右衛門

（裏側）

五兵衛

勘兵衛

八兵衛

八右衛門

⑦　享保二年　　　　　　江戸本所小泉町

奉納秩父三拾四ヶ所為二親

酉四月日　　　　　　浜松屋徳右衛門

これらは昭和五十三年十二月、仏像調査の際に脇仏蓮台の中から発見されたものである。記載内容をみていくと、いずれも秩父三十四ヶ所巡礼の際に奉納されたもので、年代は享保二年（一七一七）四月である。奉納者は本所か市ヶ谷の者で、姓のある者とない者とがある。なかには浜松屋徳右衛門のような商人と特定できる者もいるが、他の者の実像はつかめない。しかし、いずれにせよ、江戸からの札所巡礼の参詣者による奉納であり、千社札へと続く納札の原形と考えてよいだろう。こうした事実は、「稲荷千社参り」が札所巡礼に結びつく素地がこの頃すでに調っていたことを表している。

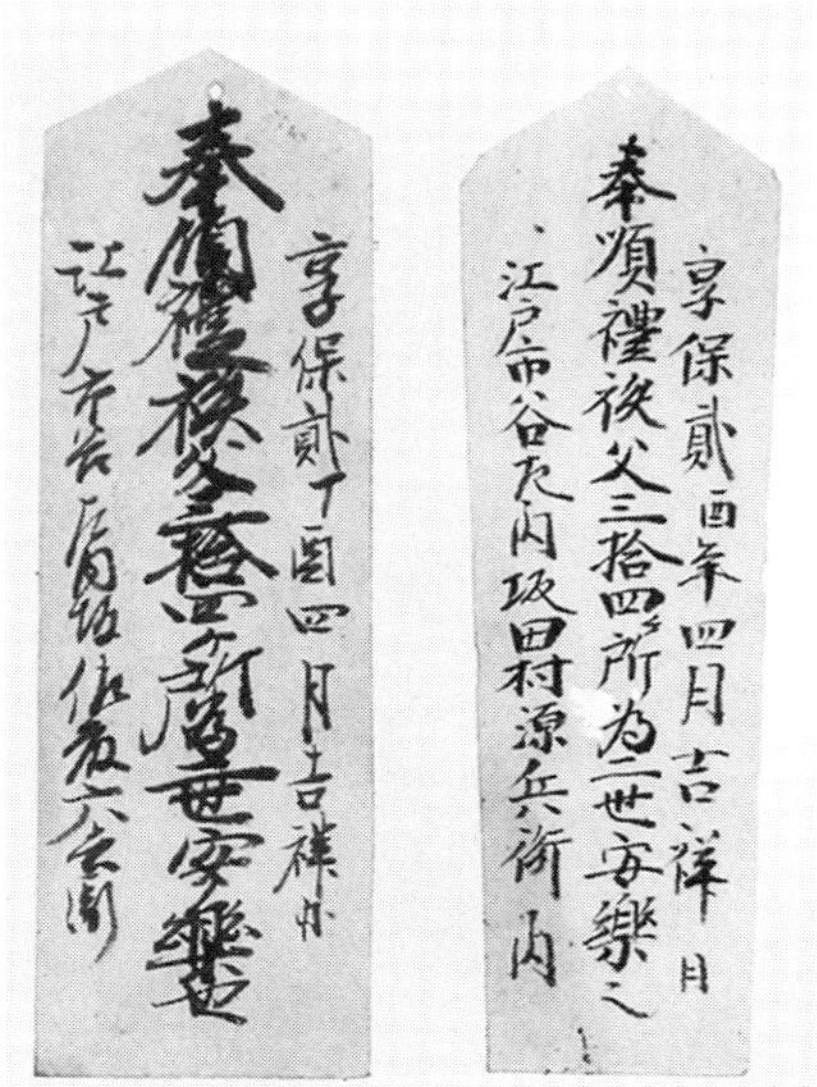

図51　菊水寺納札

現代でも札所に千社札が貼られたり、納札活動家による額やマネキの奉納が多くみられるのは、「巡る」というコース化された参詣モデルの存在と、寺院側の理解、それに右の歴史的な背景に由来しているのである。

一方、連の枠組みを超えて、愛好家たちが募って寺社に納札塚を建てることがしばしばあった。都内では明治三十年（一八九七）に向島の長命寺に築かれた（現在はない）のをはじめ、染井の泰宗寺や浅草の不動院、最近では平成十二年に神田神社の敷地内にも、有志によって納札塚が築かれた。いずれも納札活動にとって重要な地に築造されており、彼らの活動を象徴的に物語っている。

図52　神田神社納札塚（納札碑）

三　収集家と千社札

ここで架蔵の納札集を紹介したい。これは筆者が以前古書店で入手したものであるが、後年綴じ直したものらしく（四目綴）、元々の表紙の前に旧所蔵者の綴じ込んだ数丁が追加されている。元々の表紙には「天保十己亥清月大安日　社閣納札　万拝帳」とあり、これが天保十年（一八三九）のものだとわかる。内容は、貼り札を中心に貼り込んだもので、一部連札・交換札と思われるものも混在している。国会図書館所蔵の「千社集メ札」や神田神社所蔵の納札貼込帖と同様、収集家の手に編集されたようだが、天保十年という年代が明らかなことと、すでにこの段階で収集家が存在していた事実に注目する必要があろう。

そしてこの納札集には、もうひとつ特筆すべき点がある。それは元来の表紙の前に旧蔵者によって綴じ込まれた部分である。内容は①中根大幹による書込、②フレデリック・スタールの書込、③足立不倒の書込、④フレデリック・スタールの新聞記事、⑤「魚きん」の貼り札の五点からなっている。このうち①についいて、左に取り上げてみたい。

秋雨粛々として降る十月廿四日の夜であった。余は其の蔵する納札を携へて、折柄入洛された（お札博士）スタール先生をその旅館に訪問して御覧に入れた。同趣同好の博士の悦び一方ならず。親しく観賞され、翌二十五日前橋通訳を伴い、岩上通り四条上る師家に来訪、再度観賞の上、譲渡を懇望さ

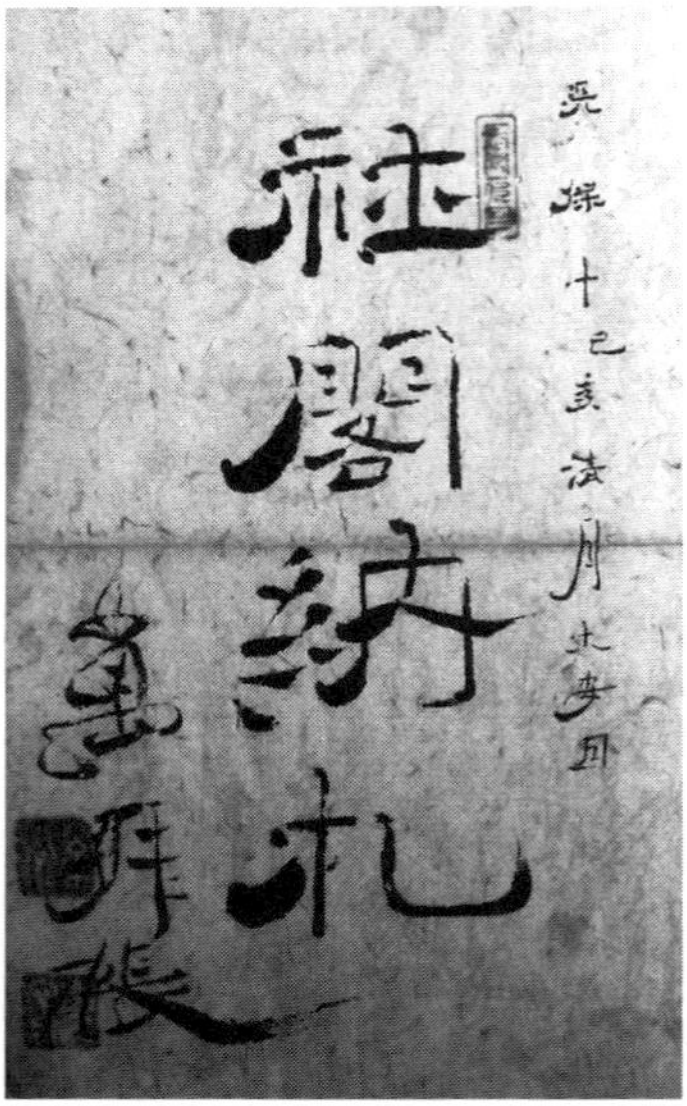

図53　「社閣納札　万拝帳」表紙

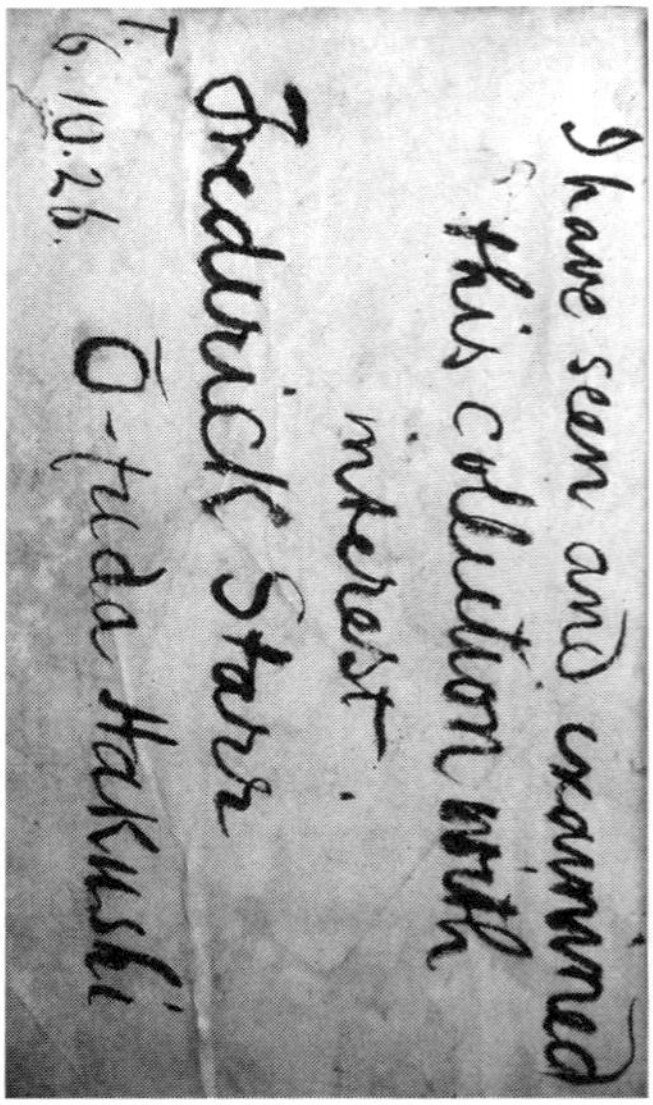

図54　「社閣納札　万拝帳」
スタール書込部分

れたが、余は国粋保存の為是をお断りした。然し博士も此のまゝ帰国するに忍びず、せめて写真をとの望みを容れ、再び滞在する旅館に持参して撮影せしむ。其の時斯かる逸品は世にあるまじと激賞し、特に毛筆を採って書かれたものである。

大正六年十月二十六日

中根大幹（花押）

この記述によれば、旧蔵者は京都に住む中根大幹という人物で、フレデリック・スタールの観賞に供したところ、「是非譲ってほしい」と懇望されたが、海外へ流出することを怖れて固辞した。すると、スタールはせめて写真に撮っておきたいというので、撮影に提供したというのである。このとき絶賛したスタールが毛筆で書いたというのが、②の「I have seen and examined this collection with interest. Frederick Starr O-huda Hakushi T. 6. 10. 26」という箇所である。しかもこれには③として「前記ノ事実ニ相違無きもの成　足立不倒（印）」という後年のお墨付きがある。

フレデリック・スタール（一八五八〜一九三三）はアメリカの人類学者で、シカゴ大学教授を務めていた明治三十七年（一九〇四）に万博準備のため来日して以来、日本文化に魅せられた人物である。日本が欧米の文化に傾き、伝統的な文化が破壊されていくのを危惧した彼はその後も度々来日し、日本文化の再発見と日本事情の紹介に後半生を捧げた。彼は衣・食・住すべてを日本風に切り換えるほどの徹底ぶりで日本社会に溶け込み、来日した折には東海道・中仙道・山陽道などを行脚し、四国八十八ヶ所などを順拝したほか、富士にも須走口からたびたび登拝している。このような彼の活動が日米親善に多大な貢献をしたとして、大正十二年（一九二三）には勲三等瑞宝章を授与されているが、彼の日本における活動のなかでもっとも特徴的なのが、納札への傾倒だろう。

「お札博士」や「寿多有」の題名をもつ彼は、納札会の会員となり、活動家とも盛んに交流を重ねていった。おそらく彼が巡礼の旅に出たことと、納札の世界へのめり込んでいったこととは軌を一にしているとみてよい。そのひとつの成果が大正十年の著作『納札史』に表れている。明治末〜大正期には「いせ万」をはじめとする多くの活動家が生まれ、納札界全体が活気に満ちていた時代である。スタールの活動はこうした納札界の動向に支えられていた。明治四十四年に納札の集大成である『納札大鑑』が太田櫛朝によって刊行されたほか、古今亭志ん馬による納札収集が行われるなど、納札界自らが納札・千社札の歴史をまとめ上げ、古い札などは資料として後世に保存していく動きがみられた。

それゆえスタールも所蔵者から現物を見せられる機会が多かったと考えられ、おそらくはそのたびに譲渡の働きかけをしていたのだろう。右の中根大幹は譲渡こそ断ったものの、スタールに評価されることで、納札・千社札に欧米と肩を並べうる高水準の文化的営みがあると実感したのではないだろうか。

四　江戸趣味と千社札〜むすびにかえて〜

本書では千社札の成立と展開、そしてそこから明らかとなった江戸の庶民文化を支える社会像をみてきた。元来寺社参詣のなかから生み出された文化現象が、やがて特有のスタイルをもつようになり、理論付けがなされたのち、幕末期の印刷文化を吸収していくという道筋には、活動家の地域的・職業的特質の他に独特の精神性や美意識というものが備わっていったと考えられる。ただ、そこには幕府が危惧した反社会性は乏しく、札を貼ることやデザインを凝らした交換札・連札を制作するといった、むしろその世界の内部で仲間同士が相互に競い合う精神が培われ、そのことが納札・千社札全体の文化的水準を引き上げていったのではないかと私は考えている。

また、ここでは幕末期の納札界を担った人々が「中人以下」と把握される庶民層に属し、独自の人的ネットワークを持っていたことを述べてきた。これは奇しくも紀伊国屋長三郎がパトロン的存在となって展開した錦絵制作のネットワークと好対照であった。錦絵が検閲を通過し流通ルートに乗って不特定多数を対象にした「公」としての展開をみせたのにたいし、千社札は検閲を通さない仲間内での「私」の活動に終始しているのである。これはまさに江戸の上層民と中下層民との文化の表出方法の相違であって、中下層民のあいだでの自我や自己主張が反社会的な手段をとらずに、ひとつの独立した文化社会として構築できるまでに成熟してきたといえる。そしてその代表的な存在が幕末期の納札界であったといえるのではないだろうか。双方のネットワークはときに重なり合い、ときに別々の展開をみせる。この微妙なバランスが幕府の終焉によって崩れ、「私」の活動で結びついていた納札界に江戸以来の気風や精神性が受け継がれていったと考えられるのである。ここでは最後に明治期以降の納札界を考えてみたい。

納札界にとって明治維新は江戸そのものの崩壊以外にも三つの大きな衝撃をもたらした。その一つは廃仏毀釈である。納札界本来のフィールドである寺社の境内の衰退がこの世界に与えた影響が甚大であったことは、諸書に取り上げられている如くである。二つ目に挙げられるのは、活字の登場であろう。活字の急激な普及と木版印刷の衰退は、手書きを本来的な起源にもつ納札界に「江戸文字」という独自の字体を創出させることとなった。このことは落語界の寄席文字や歌舞伎界の勘亭流などと同様である。江戸文化を継承する世界として一種のステータスシンボルともなっているといえる。

そして三つ目として挙げたいのは、錦絵をとりまく文化社会の変質である。不特定多数の人々に販売することを目的とした錦絵は、維新前までは情報性や娯楽性に富み、日常生活に密着していた存在であったが、社会構造の変化に直面して需要に応じたかたちで変化を遂げていく。たとえば芳幾を国芳門下に誘ったのは「田蝶」であったが、芳幾は維新後も新聞錦絵に活躍している（しかし、新聞錦絵はわずか数年でその役目を終えている）。これに対して、納札界には「私」的活動であるがゆえに技法やデザインに江戸時代以来の伝統を堅持しうる環境があった。このことが江戸を懐古趣味として捉える人々や江戸独特のデザインや精神性を重視する人々の支持を得て現代に命脈を保っているのであろう。「東都納札睦」という納札愛好家の組織が一〇〇年の長きにわたって受け継がれてきたのは、納札・千社札が江戸の木版印刷文化のみならず、幕末以来の文化社会をも継承しつつ、江戸趣味の創作活動を一貫して行っていることにあるのではないだろうか。

納札界は明治中期以降、山中共古の尽力もあって再出発する。山中は集古会の一員として千社札を蒐集・研究の対象とし、当時生存していた「江戸の生き残り」から幕末の納札文化を学んでいる。彼の努力の甲斐あってか、大正期に納札界がブームを引き起こすこととなる。ここで活躍したのが、神田市場の「いせ万」と、千社札特有の字体の確立に貢献した太田櫛朝および初代・二代の「高橋藤」、それに前述の古今亭志ん馬や「お札博士」といわれたフレデリック・スタールなどである。しかし、集古会にはこのような納札家集団に対して批判の声を上げる者も少なからず存在していた。内田魯庵もそのひとりで、『獏の舌』ではスタールを賞賛する納札界の人々を痛烈に批判している。集古会と当時の納札界とのかかわりは稿をあらためて論じる必要があろうが、集古会が千社札を研究の対象として取り上げたことの背景には、「田蝶」の子息竹内久一と山中の存在が大きかったと考えられる。

集古会は昭和十九年七月に閉会した。これは確かに戦争激化による一時的な中断措置としてとられたと推測できるが、戦後こうした会が再開することのなかった事実は、歴史学が雑多な江戸趣味の文物を学問の対象から長らく遠ざけてきたことを物語っているのではないだろうか。しかし納札・千社札は現代までしっかりと息づいており、江戸趣味の愛好家集団を背景に、いまなお江戸の精神と文化を受け継いでいるのである。

の分析

居住地	職業	備考
八官町		＊『題名功徳演説』本文では「芝街八官平」とある。
八官町		
銀座四丁目	瓦師	＊Cには 「右連名張込銀谷留目印書入 文政八乙酉年二月中七日 五十一才　自書 銀座四丁目　瓦師六右衛門」 と書込がある。 ＊「千社集メ札」では手書きの札。 ＊『納札大史』には「銀座四丁目瓦師六右衛門　(本一)　(神仏拝□)　銀谷留　家ないあんぜんの為」「(画)　(本一)　銀谷留」の札が掲載されている。 ＊また、『納札大史』には銀谷留の納札集の一部が掲載されており、表紙には、「(本一)　納札集　銀谷留　丙戌文政九正月改　京喬亭　(印)」とある。 ＊彼の収集した千社札帖の最初には麹五吉の札が貼り付けてあったという。(山中共古「同方会誌」21)
京橋三十間堀三丁目		＊本名長島銀市。
		＊「千社集メ札」では手書きの札。「百拝天明」の収集者注がある。
飯田町		
元飯田町中坂	井戸屋	
麹町五丁目		＊Aでは「左之四人古人連名」として挙げられている。 ＊「千社集メ札」では手書きの札。 ＊『納札大史』には「麹二吉」の札が掲載されている。
		＊Aでは「左之四人古人連名」として挙げられている。
		＊Aでは「左之四人古人連名」として挙げられている。
		＊Aでは「左之四人古人連名」として挙げられている。
青山	武家	＊『納札大史』には「(紋)　青渡源」とあり、(紋)は渡辺家の三ツ星紋。また、他にも「御府内社閣再拝　公務暇日　青渡源」とあることから、武士であろう。 ＊他に「青渡直」「青渡金」「青渡貞」がある。 ＊なかでも、「千社集メ札」に「戊正　(紋)　青山渡直」の札があり、紋が同じ三ツ星紋であることから、これらは一族の可能性が高い。
		＊Dでは「拝祠利」とある。
麹町十一丁目		
麻布		

別表 1　納札家

	題　　名	A	B	C	D	「千社集メ札」記載内容	その他の記載
1	八官平	○	○	○	×	×	①『落語　水の月』（文化 5 年） ②『題名功徳演説』本文 ③『納札大史』
2	桜銭喜	○	○	○	△	×	
3	八官金	○	○	×	×	×	
4	神仏若荘万拝	○	○	×	×	×	
5	銀谷留	○	○	×	×	①江戸京橋亭　（印）　銀谷留（印）（印） ②火之用心　（京喬亭）　銀谷留	『納札大史』
6	銀市	○	○	◎	×	（京）　銀市	
7	神仏百拝	○	○	○	×	神仏百拝	
8	金常五	○	○	○	×	×	
9	飯玉市	○	○	×	×	×	
10	井戸甚	○	○	○	×	①井戸甚 ②（田）　神仏　千社　元飯田町中坂　井戸屋甚太郎	
11	対面取持	○	○	×	△	×	
12	牛通万太	○	○	×	×	×	
13	かりかう拝	○	○	×	×	×	
14	いんどう	○	○	×	×	×	
15	祓経拝	○	○	○	×	×	
16	麹五吉	○	○	○	△	①神仏麹五吉 ②麹五吉	①『麓の花』（文政 2 年） ②『嬉遊笑覧』（文政13年） ③『宝暦現来集』（天保 2 年） ④『古今雑談思出草紙』（天保11年） ⑤『納札大史』
17	大六吉	○	○	×	×	×	
18	伝表新	○	○	×	×	×	
19	謹凸凹	○	○	×	×	×	
20	青渡源	○	○	○	○	×	『納札大史』
21	小岩井有之	○	○	×	×	×	
22	深草亭　（印）	○	○	×	×	×	
23	ハイシセツ	○	○	○	×	×	
24	麹十一建松	○	○	×	×	×	
25	小宮亦	○	○	×	×	×	
26	麻左清	○	○	×	×	×	

居 住 地	職　　業	備　　考
麻布		
深川		
深川御船蔵前町		＊C・Dではそれぞれ「深川若五」「若五」とある。 ＊『納札大史』には「江戸神仏深川　御船蔵前町　奉納諸国諸山　(若五)」の札が掲載されている。 ＊『納札大史』掲載の天保12年古番付「神仏納札　高名鏡」には前頭に「二代目　若五」がある。 ＊『江戸時代文化』掲載の札は『納札大史』に同じ。
柳島		
鳩ヶ谷		
鳩ヶ谷		
鳩ヶ谷		
鳩ヶ谷	名主・宿役人	＊『題名功徳演説』本文では「鳩谷駅三思」とある。
鳩ヶ谷		
橋本町		
	屋根職	
浅草		
神田お玉ヶ池	武家 (旗本弟)	＊『題名功徳演説』本文では「千代田玉加」とある。 ＊『納札大史』には「奉納一万社　源加一」の札を掲載。他に「源加二」から「源加十」までの札を掲載している。
浅草寺地中日音院内	煙管屋	
浅草		
浅草		
浅草		
浅草		
浅草		
浅草		
浅草		
	槍製作	＊Dでは「鎗伊」とある。
麹町 or 赤城 or 小石川		＊『題名功徳演説』本文では「赤城天孝」とある。 ＊『宝暦現来集』では「天紅」とある。 ＊『納札大史』には「小石川　てんかう」の札を掲載。
	屋根職	
小石川		

	題　　名	A	B	C	D	「千社集メ札」記載内容	その他の記載
27	麻国留	○	○	×	×	×	
28	深川倉重	○	○	×	×	×	
29	深川船若五	○	○	○	○	×	①『納札大史』 ②『小谷三志日記』 ③『江戸時代文化』
30	田鶴若	○	○	×	×	×	
31	土文	○	○	×	×	×	
32	松田卯	○	○	×	×	×	
33	天定	○	○	×	×	×	
34	本松一阿源	○	○	×	×	×	
35	柳島方雄	○	○	×	×	×	
36	鳩八百太	○	×	×	×	×	
37	鳩如泉	○	○	×	×	×	
38	鳩三奴	○	○	×	×	×	
39	鳩三思	○	○	×	×	×	『題名功徳演説』本文
40	鳩松賀	○	○	×	×	×	
41	橋本餅好	○	○	×	×	×	
42	大かう	○	○	×	×	×	
43	高蜂	○	○	×	×	×	
44	杉氏拝	○	○	×	×	×	
45	松夫	○	○	×	×	×	
46	鉄梅	○	○	×	×	×	
47	丸茂	○	○	×	×	×	
48	家根徳	○	○	×	×	×	
49	□ゐしう	○	○	×	×	×	
50	三長	○	○	×	×	×	
51	豊丸正	○	○	○	×	※奉納　□□　丸正	
52	清三拝	○	○	×	×	×	
53	浅村小	○	○	×	×	×	
54	源加一	○	○	◎	○	①玉池源加一 ②源加一	①『題名功徳演説』本文 ②『納札大史』 ③『小谷三志日記』
55	連丹治	○	○	×	×	×	『小谷三志日記』
56	浅村平	○	○	×	×	×	
57	浅大市	○	○	×	×	×	
58	浅桶長	○	○	×	×	×	
59	浅棒治	○	○	×	×	×	
60	浅左半	○	○	×	×	×	『題名功徳演説』本文
61	浅左久	○	○	×	×	×	
62	神仏拝　浅草　（印）	○	○	×	×	×	
63	赤鑓伊	○	○	×	△	×	
64	田中政	○	○	×	△	×	『落語　水の月』（文化 5 年）
65	てんかう	○	○	○	△	×	①『題名功徳演説』本文 ②『宝暦現来集』（天保 2 年）
66	家根源	○	○	×	×	×	
67	きんし拝	○	○	×	×	×	
68	富林平	○	○	○	×	神仏小石川　富林平	

居住地	職業	備考
東小石川		＊Cでは「蘭華子」とある。 ＊『題名功徳演説』本文では「礫川守法」とある。 ＊『納札大史』には「守法拝　東礫川　蘭華子」「厄除（印）村内安全守法（花押）」「しゆほうはい　守法拝　カミノマモリホトケノリヲカム」の札を掲載。
浅草（駒形か）		＊C・Dでは「飄芭」とある。 ＊「千社集メ札」では印部分は二字あるが不明。 ＊『納札大史』には「東都　浅草（西）（駒）飄芭」の札を掲載。
麻布		＊『納札大史』には「奉拝　吉久」の札を掲載。
鳩ヶ谷	畳屋	
浅草		
浅草		
浅草		
浅草		
麻布		
東浅草		
東浅草		
浅草		
浅草	瓦師	
浅草		
浅草		
浅草		
青山		＊「三橋」と同一人物か。
昌平橋		
浅草	桶屋	
	屋根職	＊Cでは「家根屋吉五郎」とある。
下谷		
牛込		
神田お玉ヶ池		
小石川		
小石川		
牛込		
		＊Aの（紋）は渡辺家の三ツ星紋。
小石川		
芝		＊「千社集メ札」では手書きの札。
麻布		＊Aの（印）は鶏。
久右衛門町一丁目		

	題　　名	A	B	C	D	「千社集メ札」記載内容	その他の記載
69	守法拝	○	○	◎	○	×	①『題名功徳演説』本文 ②『納札大史』 ③『小谷三志日記』
70	栖重拝	○	○	×	×	×	
71	高飄芭	○	○	○	×	東都　浅草　(駒)　(印)　飄芭	『納札大史』
72	アサフ　参拝　吉久	○	○	×	△	×	『納札大史』
73	尾東拝	○	○	×	×	×	
74	鳩畳岩	○	○	×	×	×	
75	神仏拝　浅草　(印)	○	○	×	×	×	
76	神仏拝　浅草　(印)	○	○	×	×	×	
77	神仏拝　浅新　(印)	○	○	×	×	×	
78	浅草　大のす	○	○	×	×	×	
79	麻生大吉	○	○	×	×	×	
80	貴々面	○	○	×	×	×	
81	尾里久	○	○	×	×	×	
82	東浅　くしゐ	○	○	×	×	×	
83	東浅　高吉	○	○	×	×	(宮)　高吉	
84	浅草　のり吉	○	○	×	×	×	
85	高村拝	○	○	×	×	×	
86	浅瓦嘉	○	○	×	○	×	
87	浅曲徳	○	○	×	×	×	
88	浅大磯	○	○	×	×	×	
89	宮埜	○	○	×	○	×	
90	神仏拝　東都浅草泉弥	○	○	×	×	×	
91	川伝	○	○	×	×	×	
92	富帯庄	○	○	×	○	×	
93	(画)　青よし勝	○	×	×	×	×	
94	昌平山人　水たつ	○	○	×	×	×	
95	浅桶富	○	○	×	×	×	
96	福嶋栄	○	○	×	×	×	
97	家根吉	○	○	○	×	×	
98	坂三鉉	○	○	×	×	×	
99	下谷　加金	○	○	×	○	×	
100	牛込　沢田拝	○	○	×	×	×	
101	万拝下鈴常	○	×	×	×	×	
102	楚遊拝	○	×	×	×	×	
103	神玉池　大金	○	×	×	×	×	
104	(印)　礫川　金文	○	×	×	×	×	
105	小石川　鷹加吉	○	×	×	×	×	
106	(印)　牛込　富拝	○	×	×	×	×	
107	若井拝	○	×	×	×	×	
108	(紋)　叟拝	○	×	×	×	×	
109	小石川　鷹岡才	○	×	×	×	×	
110	芝西　山人専	○	×	×	×	午再拝　(神仏拝)　山人専	
111	(画)　麻布　石川拝	○	×	×	×	×	
112	金坂拝	○	×	×	×	×	
113	神社仏閣　喜庄	○	×	×	×	×	
114	(久壱)　藤理	○	×	×	×	×	

居住地	職業	備考
神田		＊Aの（画）は桜の花。
武蔵国小渕村		
		＊Aの（画）は馬。
神田	魚屋	
赤坂	僧侶	＊『納札大史』には連札も掲載している。 ＊『江戸時代文化』掲載の札に「巳秋　(家内安全)　(画　赤円子)」とある。
麹町一丁目		
青山		
新材木町		
深川		
山谷		＊『納札大史』には「江戸　(画)　神社仏閣拝　森伝　山谷　浅草町」の絵馬形札を掲載。
青山		＊Dでは「三ツ橋」とある。(画）が同一であることから、＊「青よし勝」のことか。 ＊『納札大史』には「(画)　青山　みツはし拝」の札を掲載。 ＊『江戸時代文化』に「青山　(画)　みつはし」とある。
		＊『納札大史』掲載の天保12年古番付「神仏納札　高名鏡」では西の大関となっている。
銀座		
赤坂御門内 (松江藩邸)	武家 (松江藩士)	＊『古今雑談思出草紙』では「天狗孔平」とある。
		＊麹五吉の書風をまねる。(山中共古「同方会誌」21)
芝		
新橋		＊「田中政」と同一人物か。
麻布竜土町		

	題　　　名	A	B	C	D	「千社集メ札」記載内容	その他の記載
115	(画印)　神田　冨糸平	○	×	×	×	×	
116	神仏　高源	○	×	×	×	×	
117	武州小淵　□踊	○	×	×	×	×	
118	東円拝	○	×	×	×	×	
119	(画)　賢徳拝	○	×	×	×	×	
120	牛門　原（臼）	○	×	×	×	×	
121	三木亭里鶴	○	×	×	○	×	
122	(印)　佐野藤	○	×	×	×	×	
123	江戸神田　魚万勝	○	×	×	×	×	
124	赤円子	○	○	×	○	酉の九　(赤円子)	①『納札大史』 ②『江戸時代文化』
125	麹壱円	○	×	×	×	×	
126	青岳辻道	○	×	×	×	×	
127	(椙)　新材　五来	○	×	×	×	×	
128	神仏　筑磨津	○	×	×	×	×	
129	深川　羽磨喜	○	×	×	×	×	
130	山谷　森伝	○	×	×	○	×	『納札大史』
131	幸卯拝	○	×	×	○	×	『納札大史』
132	(印)　飛二拝	○	×	×	×	×	
133	(画)　三橋	×	○	×	○	×	①『納札大史』 ②『江戸時代文化』
134	山々定	×	○	×	×	(画)　山山定	『納札大史』
135	茶安	×	○	×	×	①(千社)　茶安 ②東都江戸　(京ばし)　茶安 ③(京はし)　茶安　(画)　ゆす ④京橋　茶安 ⑤京橋　茶安	『納札大史』
136	あふむ	×	○	×	×	×	
137	たゞ房	×	○	×	×	×	
138	銀山虎	×	×	○	×	×	
139	孔平	×	×	○	△	①鳩谷孔平 ②しやうとうろほう　鳩谷天愚孔平　きうこくてんぐこうへい 信敏　求之輔 /　(画)　青蝿も　牛にひかれて　善光寺　信敏 ③鳩谷天愚孔平	①『題名功徳演説』本文 ②『麓の花』(文政2年) ③『嬉遊笑覧』(文政13年) ④『宝暦現来集』(天保2年) ⑤『古今雑談思出草紙』(天保11年)　他
140	万源	×	×	○	×	×	
141	重与	×	×	○	×	×	
142	北八　土十	×	×	○	×	×	
143	甲坊隠者	×	×	○	×	×	
144	飴音	×	×	○	×	×	
145	本五平	×	×	○	×	×	
146	芝おと	×	×	○	×	×	
147	中政	×	×	○	×	東都　新橋中政	
148	麻竜　□三□	×	×	○	×	×	
149	山中亭	×	×	○	×	×	

居住地	職業	備考
	屋根職	
尾張町一丁目	雛人形師	＊『納札大史』には「(本一)　尾壱　ひな半」の札を掲載。
魚藍下		
	石工	
	武家	＊Ｄの会話中の「花房の隠居」をさすか。 ＊「千社集メ札」には「花大俊天明」の収集者注がある。
	鳶	
牛込改代町	印判師	＊『納札大史』に「牛込改代町　印判師　矢野喜」(部分) の絵馬形札を掲載。
麹町	槍製作	
鮫河橋南町		
鮫河橋		
		＊『江戸時代文化』に「南国亭 (画)」とある。
品川		＊『納札大史』に「(品)　神仏　南国亭富八」の札を掲載するが、「南国亭寅」との関連は不明。
四谷		
日比谷町		＊『納札大史』に「百組　壬午秋　日比鉄」の札を掲載 (壬午は文政５年にあたる)。 ＊『江戸時代文化』には「元祖　講中　(画) 内山　百組　日比鉄　(拝)」とある。
百組 (南茅場町か)		＊『納札大史』に「(百)　茅鉄」の札を掲載。 ＊「百組」は町火消二番組に属し、南茅場町、南八丁堀、本八丁堀、日比谷町、亀島町、神田塗師町からなる。
神田		＊「千社集メ札」では額のデザインのなかに「源加一」「豊丸正」らとともにみえる。 ＊『納札大史』に「神田住　形源」の札を掲載。
八官町		
赤坂新町		
深川		＊『納札大史』に「奉拝　花柳」の札を掲載。
	三味線屋か	
	魚屋	
春日町		

	題　　名	A	B	C	D	「千社集メ札」記載内容	その他の記載
150	鱗家根喜	×	×	○	×	×	
151	立田川新□	×	×	○	×	×	
152	雛半	×	×	○	×	×	『納札大史』
153	□魚藍下	×	×	○	×	×	
154	石工　三宅性	×	×	○	×	×	
155	真熨斗文	×	×	○	×	×	
156	花大俊	×	×	○	○	花大俊	①『古今雑談思出草紙』（天保11年） ②『小谷三志日記』
157	鳶民	×	×	○	×	×	
158	矢の喜	×	×	○	×	（神仏成□　誠）　矢の喜	『納札大史』
159	鎗勘	×	×	○	×	神仏　（麹）（厄除）　鎗勘	
160	□□□	×	×	○	×	×	
161	鮫南孫	×	×	○	○	鮫南孫	『納札大史』
162	□川吉	×	×	○	×	×	
163	鮫藤平	×	×	○	×	×	
164	益留	×	×	◎	×	×	
165	南国亭寅	×	×	×	○	×	『江戸時代文化』
166	富八	×	×	×	○	×	『納札大史』
167	大多	×	×	×	○	×	
168	桜秀知	×	×	×	○	×	
169	高安	×	×	×	○	（四谷）　高安	
170	雪月亭	×	×	×	○	×	
171	日比鉄	×	×	×	○	①（印）（神仏　百組） 日比谷鉄 / 百組　（神仏） 日比谷鉄 ②神仏百組　日比谷鉄 ③百組　（神仏）　日比鉄	①『納札大史』 ②『江戸時代文化』
172	いもすら	×	×	×	○	×	
173	じく庵	×	×	×	○	×	
174	東海潜蔵	×	×	×	○	×	
175	茅鉄	×	×	×	○	×	『納札大史』
176	冀巳の（駕巳の）	×	×	×	○	×	
177	形源	×	×	×	○	神田住形源	『納札大史』
178	佐野与	×	×	×	○	×	
179	印徳	×	×	×	○	×	
180	八官藤	×	×	×	○	（印）　八官藤	『納札大史』
181	太田金	×	×	×	○	東都赤新　太田金	
182	よし武	×	×	×	○	×	
183	森長孝	×	×	×	○	①森長孝 ②森長孝	
184	深川花柳	×	×	×	○	×	『納札大史』
185	木栖新	×	×	×	○	×	
186	三味亭拾来	×	×	×	○	×	
187	魚かん	×	×	×	○	×	
188	松彦	×	×	×	○	×	
189	春日堂	×	×	×	○	×	

居住地	職業	備考
南八丁堀五丁目		*「千社集〆札」では帆に錨の画。
茅場町		
		*『江戸時代文化』に「文己彼岸　宗山人奉　(雲□)」という札を掲載。
千組 (霊岸島か)		*『納札大史』に「神都千組　霊川　紋治」の札を掲載。 *「千組」は町火消二番組に属し、箱崎町、北新堀町、南新掘町、南銀町、東湊町、霊岸島辺にあたる。
神田		*『納札大史』に「(画)　第　神田　奈良亀」「(神仏奉納　かんた)　千社　奈良亀」の札を掲載。
	釣竿製作	
吉原京町		
小田原町		*「千社集メ札」では手書きの札。 *『江戸時代文化』には「小田原丁　尾一」と手書きの札を掲載。
		*『江戸時代文化』に「対面取持拝」とある。
	武家	
三田		
笄橋		
霊岸島	穴蔵屋	
		*「森長孝」と同一人物か。
	武家か	*「千社集メ札」では(印)部分以外は手書き。
	木挽	
鮫河橋南町		
	三味線屋か	
	八百屋	
		*「千社集メ札」では鳥居に向かって若い男が拝む画。
元麻布		*『江戸時代文化』に「(画)　麻布　山暁」とある。
元麻布		
深川		*「千社集メ札」では全体に提灯の画。

	題　　名	A	B	C	D	「千社集メ札」記載内容	その他の記載
190	山長	×	×	×	○	神仏　(画)　南八五　(東都)　山長	
191	大々幸	×	×	×	○	大々幸	
192	左幸	×	×	×	○	×	
193	茅嘉	×	×	×	○	×	
194	宗山人	×	×	×	○	×	『江戸時代文化』
195	深草亭	×	×	×	○	×	『納札大史』
196	指藤	×	×	×	○	×	
197	紋治	×	×	×	○	×	『納札大史』
198	山宗隠士	×	×	×	○	※隠士　(印)　(印)	
199	奈良亀	×	×	×	○	奉納神仏　(かんた)　千社　奈良亀	『納札大史』
200	昇暁	×	×	×	○	×	
201	百人一首	×	×	×	○	×	
202	屋そは	×	×	×	○	×	
203	東染金	×	×	×	○	×	
204	中村清	×	×	×	○	×	
205	鳥八	×	×	×	○	×	
206	山田勇	×	×	×	○	×	
207	かしく庵	×	×	×	○	×	『納札大史』
208	大熊	×	×	×	○	×	
209	魚釣	×	×	×	○	×	
210	森伝	×	×	×	○	×	
211	吉原京忠	×	×	×	○	×	
212	尾一	×	×	×	△	小田原町　尾一	『江戸時代文化』
213	受天百録	×	×	×	△	×	
214	対面取持	×	×	×	△	×	『江戸時代文化』
215	東西南北	×	×	×	△	×	
216	武門暇日	×	×	×	△	×	
217	佐伊三	×	×	×	△	×	
218	左戸宇	×	×	×	△	×	
219	亀	×	×	×	△	×	
220	穴庄	×	×	×	△	×	
221	森長	×	×	×	△	×	
222	半治	×	×	×	△	※千社　(神仏)　星野半治郎　正邦　(印)	
223	こびきの紋蔵	×	×	×	△	×	
224	かなの	×	×	×	△	×	
225	鮫南藤	×	×	×	△	×	
226	撫牛	×	×	×	△	×	
227	公虎	×	×	×	△	×	
228	永てい	×	×	×	△	×	
229	八百甚	×	×	×	△	×	
230	蔦安	×	×	×	△	(画)　千社　蔦安　(画)　(印)	
231	山暁	×	×	×	△	×	『江戸時代文化』
232	白元	×	×	×	△	×	
233	崔之	×	×	×	△	×	
234	村勢	×	×	×	△	×	
235	田徳	×	×	×	△	(深　田徳)	

居住地	職業	備考
麻布		
麻布		
	戯作者	＊『花の上野晦日の薄暮』の作者。 ＊『納札大史』に「大願成就　社閣拝　花亭我酔」の札を掲載。 ＊『江戸時代文化』掲載の札は「千社集メ札」に同じ。
		＊『題名功徳演説』の口述者。
神田		＊「千社集メ札」には「稲車寛政」の収集者注があり、手書き。
品川		＊「千社集メ札」には「千社札のはじまりハ天明の頃といへり。天愚孔平と云者始めて所々に此札をはる。此駿三吉も同時の人なるべし。」の収集者注がある。 ＊『納札大史』に「東海道品川磯辺鶴長命（画）（画）駿三吉」の札を掲載。
市ヶ谷		
青山		＊『題名功徳演説』本文では「蒼山和田源」とある。

札起原』〈安政５年〉所収）　C：寛政11年会触（引札）　D：『花の上野晦日の薄暮』（文化８年）

の△は、会話中に取り上げられた人物をさす。 ⑤「千社集メ札」欄に※とあるのは、筆者推定による。

時は三村清三郎氏所蔵。 ⑦判読できないものについては、□で表記した。

ザインとともに字がある場合・印部分が判読できる場合には、（○○）というかたちで表記した。

職業は題名および札の記載内容から推定しており、住所の移転や転業なども考えられるため、不確実要素が残る

	題　名	A	B	C	D	「千社集メ札」記載内容	その他の記載
236	錫鉄	×	×	×	△	×	
237	三省	×	×	×	△	×	
238	華の鳥	×	×	×	△	×	
239	上庄	×	×	×	△	×	
240	桃花漁父	×	×	×	△	×	
241	花亭我酔	×	×	×	－	大願成就　社閣拝　武昌楊子千東　花亭我酔	①『花の上野晦日の薄暮』 ②『納札大史』 ③『江戸時代文化』
242	悦翁田定賢	－	×	×	×	×	『題名功徳演説』
243	稲車	×	×	×	×	神田稲車清参拝	
244	駿三吉	×	×	×	×	①実誉誠真信士天保二卯八月八日俗名する源　行年七十四才 南無阿弥陀仏　徳本　（印）（□源駿富） 真誉実□信士天保四巳二月五日俗名駿三吉　行年四十五才 ②（印）　駿三吉　（印） ③官□楼閣花鳥風月 /東海道駅品川磯辺 /（印）　フトウ　大三九（印） /つるのちようめいするさんきち 鶴長命駿三吉 カクナカキイノチヲシユンミツヨシ	『納札大史』
245	市ヶ谷長政	×	×	×	×	×	『古今雑談思出草紙』（天保11年）
246	和田源	×	×	×	×	×	『題名功徳演説』本文

註　①A～Dの出典は下記の通り。
A：「衆牌次第」（『題名功徳演説』〈寛政２年〉所収）　B：「神社仏閣　古人衆牌題名縮写」（『神社仏閣納
②A欄の◎は、「左之四人古人連名」として掲載されている人物。　③C欄の◎は、世話人を表す。　④D欄
⑥『納札大史』は古今亭志ん馬著、私家版、1924年。『江戸時代文化』は同第１巻第９号掲載のもので、当
⑧デザイン部分等については、絵画性の強いものは（画）、家紋は（紋）、その他は（印）とした。なお、デ
⑨題名は初出のものを挙げている。なお、優先順位は、A→B→C→D→その他の順である。　⑩居住地・
ことを付記しておきたい。

別表２　『花の上野晦日の薄暮』登場人物

題　名	特　記　事　項
源加一	○このあいだの集まりには出席しなかった。○その日は牛の御前の開帳に行って「赤円子」に会う。そして方々を歩く。○「遠道は連がないとさむしくっていけん」○「桜秀知」は「富八」とモヤイの札を入れたりしないで、石摺の大きいやつを額の中に入れればよかったのに。だから「どっとせん」。○「幸卯」に小田原町の「尾一」か、「受天百録」「対面取持」をくれといわれたが、皆人にあげたので既になくなってしまった。○そこで「幸卯」に「てんかう」の札をあげようとしたら既に持っていると言われ、「東西南北」「武門暇日」の札をくれるよう依頼される。○牛の御前の開帳はものすごい人だった。これから船で行けばすぐだと「花大倹」に勧める。○「花大倹」が牛の御前は今度行くと言うと、深川の開帳を勧める。○「花房の隠居」はよく西方と六阿弥陀をまわる。○額や御幣に札を貼るのは悪いんだが、よくないことにみんな貼っている。○6・7年前に活躍していた連中は皆よく歩いた。「富八」「奈良亀」もよく歩いた。しかし、最近は自分の近所ばかり貼るようだ。○最近は両大師遷座に出てこない者が多い。「佐伊三」・三田の「左戸宇」・笄橋の「亀」・麻布の「吉久」などはさっぱり見ない。○毎月両大師遷座の法会に出る。「青渡源」もよく出るが、「三ツ橋」は一向に出てこない。○「駕巳の」に駒の札を１枚くれるよう依頼する。
青渡源	○このあいだの集まりには出席した。みんな達者なのを確認。○その日、帰ったのは五つ時過ぎ。予定以上に歩いた。○このたびの火事で霊岸島の穴蔵屋はたいてい焼けたが、「穴庄」は焼けたかと「紋治」に尋ねる。○最近、「森長」「半治」「こびきの紋蔵」らは一向に見かけない。○貼るところがないとつい他人の札の上に「張かけ」をしてしまうものだ。○おととしあたり「かなの」をつくったが、よくないからあまり貼らない。○近頃つくった石摺の札も「またかなりだ」。○最近、「鮫南藤」は一向に見ない。○「三ツ橋」が最近札を貼りに出ないのは、「かゝさんの側にくつゝいて居るからさ」。
赤円子	○このあいだの源加一と会ったときには、ちょうど四つ時に帰宅した。○一人で面白くなかったから、（牛の御前の）開帳に行くだけにしようと思ったが、運良く源加一に出会ったので、方々を歩いた。○「連(つれ)がないと草臥てネ」○この間じゅうは番が忙しくて暇がなかったから行けなかったが、このたび番を引いたので暇過ぎて困るくらいだ。○戸隠の開帳の初日に行ったが、まだ誰も札を貼っていない様子だった。○こないだの提灯は、まだ人（入れる題名）が決まらないから出来ていない。○提灯に入れるつもりにしてある札は自分のところにある。○依頼により、「富帯荘」「田中政」「八官藤」「瓢芭」の札も提灯に入れる。○渋谷の方・池上の方へまわって品川へ出ようと思って大井から雨になって品川までずぶ濡れになりながら歩き、「富八」のところで傘を借りてようやく家まで帰った。○「三ツ橋」は５年おど前までは方々に新しい木札を貼っていたが、最近はあまり見かけない。○「宗山人」の依頼に対して、骨を折って摺ったのだからと断る。○「魚釣」に「いつでもいゝが杖だけにして三間計りも出る振出しをこせへてくんねへ」と依頼。
南国亭寅	○「赤円子」はこっちには全く来ない。○大和めぐりに「深草亭」に「撫牛」を誘い出して行こうという。○旅は道連れで、気のよく合った仲間と４・５人連れで行くと妙に面白いものだ。

題名	特記事項
富八	○「茅鉄」の誘いに乗って、大和めぐりを計画。○「冀巳の」の身内を説得してなんとか大和めぐりに連れだそうという。○横札がたくさん貼ってあるのは、「長いやつは張切りてしかたなしに横ばっかりはったからさ」。○「公虎」とは心やすくしていたから、せめてのことと思って貼りに行くたびに少しずつ「公虎」の札を貼っている。○菩提札くらい貼るのは手間も暇もいらないから、わけのないことだ。○「富帯荘」は「永てい」の水死の菩提札をよく貼っている。○「左伊三」がひとしきり書いて歩いたが、最近はどうしたことか見えない。○振り出し竿の先が少し折れたので、「魚釣」に先ばかりを取り替えてもらうよう依頼する。そして、竿は「八百甚」にでも持たせることにする。○去年「茅鉄」につくってもらった刷毛を、先日九品仏で貼ったあと、星の井戸の前で落してしまったため、再度「茅鉄」に「いゝようにおめへ注文して頼んでくんねへ」と依頼。○「松彦」の依頼で出した「蔦安」の連札は「松彦」・「森伝」から下の人たちはいらないと言われたが、下に「富八」の名がないと、「だれもおれの札だとア思はねへ」と主張。
大多	○戸隠の開帳はものすごい人だった。○霊宝場だから貼った札はすぐにわかる。○屋敷の仕事を請け合ったから出かける暇がない。○建前に取り掛かったところ。
桜秀知	○今年大山から富士へ行きたい。○4人で行くのはちょうど良い人数だ。○おごりもせずおごられもせずに出かける。○5年ばかり前に江の島に札を貼ったが、もうないだろう。○「日比鉄」は江の島の弁天堂に奉納した額の世話人。○（額の中の）「富八」は小さいからわかるまい。○「不二けしに書た札」を「瓦嘉」に依頼するが、「瓦嘉」は持っていなかったので、次回持ってくるように依頼。○「瓦嘉」にかねてから頼まれている「もやい札」は「銭喜」のところにあるから、近々摺ってくると返答。
高安	○「桜秀知」が富士へ行くなら一緒に行きたい。○「昇暁」「中村」も一緒に行くことになっている。○大勢で行くと道でもめることになる。○出かけたからには10町や20町の寄り道はするつもりで、江の島にも当然行くつもりだ。○成田屋と歌麿の札は子供が持っている。
雪月亭	○「高安」が行くから諸事「高安」の受け持ちになるだろう。○牛天神の末社に貼った札に「百人一首」が「張かけ」をした。○人の札の上に張る（「張かけ」をする）のは不届だ。「目くら」だ。
日比鉄	○富士に行くならついでに江の島にも行ったらよい。○5・6年も経てば1枚も残ってないものだ。○江の島の弁天堂に奉納した額は、目立つどころか「猿の袖なしが緋鹿の子だから妙さ」○その額のなかで、「桜秀知」の札はよくみればわかる程度だが、「源加一」のが一番よくわかる。○「青渡源」の札はいつも類がないほどだからよく目立つ。○「じく庵」は根気よく歩いたから、古い札がみえる。○大和めぐりに「アノ三味せんや」（「撫牛」のことか）が行くと道中で長逗留をしたがるぞという。○元麻布の「山暁」や「白元」がよく「張かけ」をした。○茅場町の薬師にあげた札額に「崔之」が来て貼ったが、それがまるで札額に書いたかのように上手に貼ってあった。○「三ツ橋」に「先の札はよしなせへ能くねへ。」と言われながらも、それでも「よし勝」の札を1枚くれるよう依頼する。○「三ツ橋」は「今度」と言うが、「今度はいつだか知れねへ」と言う。

題　名	特　記　事　項
富帯荘（富帯庄）	○「赤円子」に提灯を依頼。○「奈良亀」は書札の大きいのがよく貼ってある。○「公虎」が死んだのが気の毒だから菩提札を貼ってあげたいと、「富八」から札をもらおうとする。○菩提札くらい貼るのは手間のいらないことだから、貼ってあげればいいのだ。
いもすら	○「じく庵」は西方をよくまわる。○「若五」にもし今年富士へ行くなら「おふせぎ」を買ってきてくれるように依頼している。○富士へ「いきてへが売たからだゞからしかたがねへ」○「春日堂」に摺物はまだ出来ないと語る。
じく庵	○最近はさっぱり出かける気分がしない。
東海潜蔵	○古札のなかでも、「守法拝」「秡経拝」「てんかう」の札はどこにあってもすぐわかる。○忙しくて最近は出かけられない。
茅鉄	○今年は大和めぐりをしたいと、「桜秀知」を誘うが、大山から富士をまわるからと断られ、「富八」を誘う。○「富八」が言うとうまく連れ出せるものだ。○「撫牛」を神明前に誘い出すのかと「南国亭」に尋ねる。○「富八」の刷毛の再度制作を請け負う。大札を貼るときに困らないように刷毛ももう少し大きいものを頼んできてあげようと約束する。○「中村清」は最近一向に貼りに出かけないようだ。
冀巳の（駕巳の）	○「南国亭」が行くなら「茅鉄」らと大和めぐりに行きたい。○「内でやかましいからこまったいゝ連だがなア」○「源加一」に「一と云ふ字の札」をくれるよう依頼。
形源	○千住大橋まで用があったのでついでに札を貼ってきた。そうしたら、「富八」はよく千住の方へ行っているとみえて、横札がたくさん貼ってある。○「佐野与」のところに宵に行ったら留守だった。
佐野与	○「形源」とはしばらく会ってなかった。
印徳	○天気の良い日に大師河原に行かないかと「八官藤」を誘う。
八官藤	○「木栖新」から銭を見もしないで懐へ入れる。○雑札を人へあげることは、「麹五吉」や「対面（取持）」でもしない。○「富八」は「公虎」の菩提札をよく貼っている。○「公虎」の菩提札を貼ってあげたいからと、「富八」から札をもらおうとする。
太田金	○最近「東海潜蔵」にさっぱり会わない。
よし武	○「太田金」に「村勢」と「鎗伊」の札を１枚くれと言う。○特に「村勢」の札は人に取られたからという。○「森長孝」は貼り歩くのに精が出る。
森長孝	○「こないだの札」を渡す約束だった「源加一」に「是は御世話でござひました」と渡す。
深川花柳	○「森長孝」と同様に、「源加一」に札がまだ渡されていなかったので、これを渡す。○「中村清」に「田徳」によろしく伝えてもらうよう依頼する。○「鳥八」に「休て札」を１枚依頼。
木栖新	○「源加一」に「こねへだの銭」を「八官藤」へ渡す承諾を得て、「八官藤」へ渡す。
三味亭拾来	○「若五」の方の開帳は、時節がいいから繁昌している。

題名	特記事項
魚かん	○「若五」は方々歩く。この間も府中に行ったら一番多く貼ってあった。○「若五」の札が貼ってないところはないだろう。
若五	○去年の秋までは暇さえあれば貼りに出かけたが、今年はまだ遠くには一度も行っていない。○札をどこにでも貼ってあるわけではない。
松彦	○「いもすら」に大札を1枚依頼。○「富八」に「先はつた蔦安と云ふ札をおれにやアくれねへの」と依頼。しかし、お目当ての「鳥居計り」の札はなかなか出てこない。○「富八」の出した連札は下に「富八」がいるから「夫れしやアねへと思つた」。「下の人がねへ方がいゝ」。○「そうしねへと元張つたのと今張るのかわからねへの」。○「駕巳の」に「三味せんの撥の付たの」をくれるよう依頼するが、「駒」の方しかないと言われるが、それはすでにもっていた。
春日堂	○「いもすら」に大札を1枚依頼。○「山長」に丸い札を1枚依頼するが、「山長」はもっていなかった。
山長	○今日は面倒だから札を1枚も持たずに来たと言って、「春日堂」に懐を見せる。
瓦嘉	○毎月必ずこの両大師遷座の法会に出る。○「桜秀知」に以前から「もやい札」を頼んでいるが、まだ一向にくれない。
瓢芭	○「大々幸」「左幸」「茅嘉」に摺物をあげる約束をする。○「錫鉄」は今はやめて貼りに出ない。板木を「瓢芭」が持っているが、今度「大々幸」にあげる約束をする。○「左幸」に提灯の札を1枚依頼。
大々幸	○「瓢芭」の摺物を1枚依頼。○「錫鉄」の札や板木について「瓢芭」に尋ねる。○「宗山人」はよく古い札を集めているようだ。○古くから札をやっている人でなくても、法会に出ない人が多い。麻布の「三省」「華の鳥」などは一向に出てこない。○「宗山人」に「鳩谷の内」に行けば古い札があると勧める。
左幸	○「瓢芭」の摺物を1枚依頼。○提灯の札はしばらく摺ってないが、「瓢芭」の依頼により来月持ってくる約束をする。
茅嘉	○「瓢芭」の摺物をまた人に取られたので、再び1枚依頼。
宮埜	○「青渡源」は両大師遷座の法会によく来るが、「三ツ橋」が来るのは随分珍しいことだ。○「宗山人」はこの間、大師河原に出かけた。○大師河原は一泊しないと細かく貼って歩けない。
宗山人	○4・5日あとに大師河原に行って来た。○大師河原くらいたくさん貼ってあるところは細かく貼れない。○どこへ行っても（「三木亭」の）札は貼ってある。○古い札はなかなか手に入らない。○「源加一」に「上庄」の札を見せる。「上庄」は家にいたのでもらってきた。○「どふも古い札はすけねへのさ」。○「鳩谷の内」に近々行く予定。
三木亭	○暇がないから近所ばかり貼る。
深草亭	○「赤円子」はよく出かけるようだ。○渋谷で「赤円子」を見かけたが、こちらに大勢仲間がいたので、挨拶できなかった。
指藤	○「成田屋」と「歌まろ」の札がないかと「赤円子」に尋ねる。
紋治	○このたびの火事で仲間は誰も焼けなかった。○「森長」「半治」「こびきの紋蔵」らは、皆怠けている。
幸卯	○「源加一」に「てんかう」の札をやろうといわれたが、既に持っていた。○「源加一」に小田原町の「尾一」、「受天百録」「対面取持」「東西南北」「武門暇日」の札をくれるよう依頼。

題　名	特　記　事　項
山宗隠士	
花大傻	○深川の開帳には行ってきたが、牛の御前の開帳はまたにしようと言う。○「赤円子」によろしくという。○「江戸っ子」口調ではない。「源加一」をはじめ、皆がへりくだる存在。「昇暁」のいう、「花房の隠居」のことか。
奈良亀	○「源加一」に「花大傻」のことを「たいふうだの」という。
昇暁	○「花房の隠居」はよく西方をまわる。
百人一首	○この間、「富八」らと遅くまで飲んで大酔いした。手拭いを忘れたのは違う人だ。
屋そは	○「青渡源」は最近あまり札を貼らないようだ。
鮫南孫	○「青渡源」の石摺の札は近頃つくったもので、いいところに貼ってある。○「鮫南藤」はやめてはいないが最近はさっぱり貼りに出かけない。
東染金	○「鮫南藤」の札は小さいがよく目立つ札だ。
中村清	○人の「雑札」を「八官藤」にあげようとするが、「ばかばかしい」と断られる。○最近は忙しくてどこにも貼りに行かない。○「田徳」は蝦夷から帰って以来、全然貼らないようだ。
鳥八	○「深川花柳」に「休て札」を１枚渡す。
守法拝	○「山田勇」の「舛の札」はよく目立つ札だ。○「かしく庵」に会うのは久しぶりである。○年だから最近はすっかり貼らなくなった。
山田勇	
かしく庵	○最近は、春と秋の彼岸に西方と六阿弥陀をまわるついでに少し貼る程度。○「大熊」の言う「とんだ古い札」とは、6･7年前に「桃花漁父」「田中政」「山人専」と歩いた頃のものだ。○「奈良亀」と知り合って随分経つ。
大熊	○「かしく庵」の「とんだ古い札」を見かけることがある。○「左伊三は札もよく張るね。」
三ツ橋	○「源加一」はいつも両大師遷座の法会に出席する。○「日比鉄」に「よし勝」の札をしきりにせがまれ、また来たときに渡すことを約束する。○「是に斗りかゝつて居やアしめへし用がある」
魚釣	○長さ２間の振り出し竿を「赤円子」に勧めるが持っていると断られ、「大多」に勧める。○「赤円子」に「杖だけにして三間計りも出る振出し」を依頼され、「急には出来ません」と言いつつも、「ハイかしこまりました」と注文を受ける。○「富八」に振り出し竿の先の取り替えを依頼される。○「富八」の振り出し竿をつくってから随分経つので、「富八」に「いつでもよこしなせへ」と言う。
森伝	○「富八」が「松彦」に出した「蔦安」の連札は、「上計りの方が人が知つてる」。
吉原京忠	○「源加一」に「其ぴん」(「駕巳の」の言う「一と云ふ字の札」) をくれるよう依頼。

註：『江戸時代文化』第一巻第九号所収のものをもとに作成。

別表3　連札にみる代表的納札家

	題名	居住地	職業
あ	相辰	麹町	
	相文	千代田※①	
	相万		
	青渡直（阿尾山名雄、青山渡辺氏）	青山	
	あをきん	両国	
	赤円子（赤坂円子）	赤坂	僧侶
	阿加ん房		
	あく松		
	浅かつ		
	阿佐金		
	浅重	芝	
	姉川源之助（市村座）	猿若町	歌舞伎役者
	阿布□		
	網一（市のじ改網市）		
	あみ亀	東神田	
	網政（あみ政）	麹町	
	阿め十八		
	安楽太（阿羅多）	青山	
い	井赤	深川	
	家ぎん		
	い喜乃		
	伊三		
	石川鉄		
	イ志さん		
	イ志志ん		
	石印粂		
	石せん		
	いせ銀		
	いせ重		
	いせ藤（伊世藤）	千住	
	いそ安		
	板常		
	板忠	柳原	
	一来小り		
	伊地久（伊知久）	く組※②、四ツ谷	
	一ぱトヨ（艶登与）	神田市場	浮世絵師
	市場（五足斎）	神田市場	青物問屋
	一立斎文車		講釈師
	イナセ	本郷	
	稲登茂		

	題名	居 住 地	職 業
	岩井粂三	猿若町	歌舞伎役者
	岩井みつ秀	武州大宮駅	
	岩富（いは富）		
	いん平	浅草田原町一丁目	
	いんよし（印よし）	ま組※③、赤坂	
う	宇恵金	巣鴨	植木屋
	上幸	南新堀二丁目、霊岸島	
	植とう	巣鴨	植木屋
	魚作	元鳥越	魚屋
	宇佐久	霊岸島	
	宇治安		
	歌沢梅（歌沢むめ）	下谷広小路	歌沢節
	馬住	四谷	
	海栄	深川	
	梅園	深川	
	梅春（梅はる）	深川	
	裏長		
え	江ぎん（江銀）	浅草	摺師
	越善	深川	
	江てつ（江鉄）		摺師
	恵登兵	三ノ輪	
	江はん	初音の里（谷中）	
	ゑび栄	浅草	
	海老太		
	ゑびら		
	ゑん久	両国	
	延小吉	外神田	清元節
お	大加ね	元鳥越	
	大鋸娘		
	大亀	元鳥越	
	阿ふぎ猪之（角寿楼）		
	扇金（あふぎや　きん）	飯倉、芝	扇屋
	大木正	両国	
	大きん		
	近江兼		
	近江留	龍閑橋	
	大間富（大間とみ、大間登美、おふま富）	中橋広小路	左官棟梁
	岡いの（岡猪、をかいの）	京橋	
	岡とめ	両国	
	尾の清		

	題名	居　住　地	職　　業
か	何久松		
	神楽戈		
	錺亀（かざり加免）	本銀町	錺職
	錺茂（かざり茂）		錺職
	錺辰		錺職
	可山人	下谷	
	かじ太	菊川	
	菓子大	神田	
	かし鍋	深川	
	片長（かたてう）	ほ組※④	
	片遊	千住カ	
	加奈でん（かな伝）	京橋	傘職カ
	哥那万		
	金竹		
	可子仁		
	かめ松（亀松）	神田、外神田	
	川かめ		
	河辰	加組※⑤	
	河原崎権七	猿若町	歌舞伎役者
	かんきく	中橋	
き	きう太（喜宇太）	大通り	
	喜久志	菊川	
	紀久治（□彦改）		
	喜久勇		
	木定		
	橘銀	本郷	
	キ子忠（甲子忠）	今川橋	
	キ子又（甲子又）	神田	
	キの清		
	喜ま善（キマ善）		
	京亀（京かめ）	神田明神下	
	京鶴	八丁堀	
	喜世勝	深川	
	清祐		
	木具屋治兵衛	下谷広小路	木具屋
	木具芳	本郷	木具屋
	喜知	神田	
	喜奴先		
	きり亀	湯島	
	桐山	小日向	
	錦好斎	千代田※①	摺師
	キンモ	本郷	

	題名	居住地	職業
く	久二松	巣鴨	
	蔵きう	新旅籠町	
	車加ん	巣鴨	
け	桂我		本屋カ
	原銅	小日向	
こ	鯉登楼	日本橋	
	甲清亭		
	香物	橘町	
	こく平（鐘近亭）		
	五三		
	小ぜん（小善）	柳原	
	小槌屋勝三郎（小槌、小つち）	千代田町※①	
	小蝶徳（小てふとく、小長徳）	三組※⑥、深川	
	琴二	外神田、下谷	
	小林仙		
	小半（小はん）	新橋	
	小栄	神田	
	護摩講	京橋	
	小松（小満津）	筋違橋	
	駒里喜		
	こん栄		
	こん勝		
さ	佐伊友（いつゝ内）（15）	本石町二丁目	
	栄		
	坂幾		
	境かん	中橋	
	坂うし（さか丑）	千代田※①	箔屋
	坂辰（坂田つ）	神田	
	佐賀常	深川	
	魚ゑい		版元
	坂本	鍛冶町二丁目	
	さかもとこう	乙女橋	
	サ金太（左金太）	中橋広小路	
	佐久真（さくしん、作真、さく新）	外神田向柳原、神田柳屋敷	
	左国		
	さくま	信州飯田カ	
	さく万		
	桜嶽	小日向	
	桜さん（さくら三）	霊岸島	
	佐げん		
	さし辰	中橋広小路	

題名		居住地	職業
	佐七		彫師
	定直	も組※⑦	
	サ長	中橋広小路	左官棟梁
	左平	中橋広小路	
	さの囲		
	さる松		
	沢村訥舛	猿若町	歌舞伎役者
	さんキ		
	三金		
	さん蝶	小石川、山崎町	
し	鹿金	霊岸島	
	志からき	堀之内	
	芝翫	猿若町	歌舞伎役者
	茂松（しげ松）	は組※⑧	
	志津		
	しば善（志ば善、芝善）	芝	
	志満長		
	志呂金	牛込	
	新栄	ほ組※④	
	志んぼう		
す	末亀（末かめ）	も組※⑦	
	鮓いの		寿司屋
	寿光□	芝三田	
	寿々吉	中橋広小路	
	寿々定		
	寿々文（す々文）	霊岸島	
せ	静山	小日向	
	清真堂	京橋、八丁堀	
	勢喜幸（関幸）	関屋、千住	
	せき忠（世喜忠、関忠）	関屋	
	千ン登久	千代田※①	
そ	早朝		
	其雪		
	そめ七		染職
	染治		染職
	染孫（そめ孫）	今川橋	染職
	大きう（大喜宇）	八丁堀	大工棟梁
	大泉翁	四ツ谷御門外	
	大泉与		
	だいたつ	松屋町	
	鯛眼		
	高伝	深川	

	題名	居 住 地	職 業
た	高永（たか永）	大門通	
	田キサ（梅素亭）	浅草	版下書き
	滝衣（尾張楼）	江戸町一丁目	遊女
	たけ忠	本石町	
	だし徳		
	田せん	両国	
	だゝひで		
	立虎（立とら）		
	辰巳栄		
	田てう（田蝶）	新吉原道	提灯屋
	田中久（久太改）	八丁堀	
	谷ごん	芝	
	谷仙	麹町	
	田ひで	浅草	
	多彦	芝	
	田□うめ	上野広小路	
ち	ちか	新宿	
	近登久		
	茶屋勘	と組※⑨	茶屋
	茶皆染		
	丁銀	麹町	
	丁政	麹町	
	ちん熊	千組※⑩、霊岸島	
つ	つカト久（塚登久）	下谷、上野広小路	
	柄とみ	麹町	
	鶴伊三		
	鶴沢清六		三味線弾き
	つる女		
	つる竹	住吉町	
と	東幸	下谷	
	銅治	本郷	
	トキ長	千代田※①	
	十九勝（とくかつ）	東神田、（宝田村、神田塚傍）	
	トクキ（とくぎ）	霊岸島	
	と源		
	とし久	中橋広小路	
	とせ（俵屋内）	新吉原	遊女
	富仙（とみせん）		
	登奈	神田	
	登茂（井筒屋内）	本石町二町目通り	

題名		居 住 地	職 業
	登茂一九		
	とよ正	大伝馬町	
	虎源	百組※⑩	
	鳥亀	浅草	
	鳥正	ほ組※④	
な	なか亀（奈加亀）	百組※⑩、八丁堀	
	中金（中加ね）	巣鴨	
	な加げん	巣鴨	
	中てい	外神田	
	仲てつ	深川	
	奈加藤	深川、湯島	
	那歌まん	八丁堀	
	中村鶴	外神田	
	なた万（二代目・三代目）	両国	
	成駒福助	猿若町	歌舞伎役者
に	西かん（にし加ん、西勘）	も組※⑦	
	にしき虎（錦登羅）	新宿	
	西民（西多見、西田見、西たみ、にしたみ）	神田、皆川町	
	西丸伊	西宮カ	
ぬ	縫かめ（縫亀）	浅草田町一丁目（新吉原道）	
	ぬり鉄		塗師
の	納トミ		
	規千賀（規ちか、時鳴楼）		
は	萩加祢	東外神田カ	
	八九勝（八九かつ）	千代田※①	箔屋
	八九兼（八九かね）	日本橋瀬戸物町	箔屋
	八九繁（はくしげ）	神田	箔屋
	はくてつ		箔屋
	八九とく	武総カ	箔屋
	八九房（はく房）	本石町四丁目	箔屋
	馬具峯	上野（忍が岡）	馬具師
	羽衣人		
	はしのぶ	湯島	
	長谷虎（はせ虎）	深川	
	長谷松（はせ松）	た組※⑪、本郷	
	花露（はな児）		
	はな庄	浅草	
	花菱（花ひし）		
	花山		

	題名	居 住 地	職 業
	花山吉		
	はまだ（浜田）		
	浜田栄	三組※⑥	
	浜野松（浜の松）	本石町	
	はやし清		
	林や　そで		
	はらまさ	巣鴨	
	原よし		
	はり常（波里常、はりつね）		
	針松（針まつ）	京橋	
	釘安		
	ばん□	箱崎	
ひ	ひな鶴（角海老屋内）	新吉原京町一丁目	遊女
	日比鉄		
	ひら尾		
	平全	横山町二丁目	
ふ	福きん（ふくきん、松金改福金）	両国	
	婦久幸	中橋広小路	
	福ごん	に組※⑫	
	福定	橘町	
	福重		
	福新（福志ん、小杉斎）	両国	書家
	冨士作（ふじ作）	深川高橋	
	冨士信		
	藤十九（ふじ十九、白円子）	本郷、本郷妻恋	
	ふじ富		彫師
	藤本柴吉		
	藤よし	南伝馬町一丁目	茶亭
	ふじ理三（不二りさ）	外神田	
	筆平	芝	
	舟岩	深川	
	船金	深川	
	不落斎		摺師
	振竹	百組※⑩	
	ふる錦		
	文喜		
へ	紅髪楼		
	紅銀	外神田	
	宝来（宝来亭）	岩附町	
	布袋伊埜		
	布袋庄（花庄改）		

	題名	居住地	職業
ほ	彫亀（ほり亀）	小日向	彫師
	ほり静		彫師
	ほり善	両国	彫師
	彫辰（ほり辰）	両国、つば店（西両国）	彫師
	ほり常		彫師
	彫てう（彫長）	深川	彫師
	彫鉄		彫師
	彫友（ほり友）		彫師
	彫平（保里常）	深川	彫師
	彫无津		彫師
ま	まき金		蒔絵師
	蒔政（真喜政）	小梅	蒔絵師
	柾ふん	霊岸島	
	柾や　いく		
	ましさ（増佐）	外神田	
	ましさた		
	まし田め	八丁堀	
	末寿八十（ますやそ）	本石町一丁目	塗師
	松一九	四ツ谷	
	松いち		
	松かま		
	松里	関屋	
	松重		
	松永辰	外神田	
	まつ葉		
	まる定	両国	
	丸直（まる直、丸奈尾）	本郷	
	まん藤	両国	
	万（印）	本所石原新町カ	
み	道喜三（道喜左）	京橋	
	未中		
	湊二市	千組※⑬	
	みね（たはらや）		
	三み金	釜屋堀（深川上大島町）	
	三も二		
む	むすめふじ		
	村上	本郷	
	むら清（村清、邑せい）	京橋	
も	桃雫		
	桃也	下谷	
	もり金	ほ組※④	

題名		居 住 地	職 業
	森本	両国広小路	
	紋伝	八丁堀、北八丁堀	
や	家尾熊	神田	八百屋
	八百平（八尾平）	外神田	八百屋
	や喜三（屋喜三）		
	安茂		
	奴弥三（やつこやさ）	飯倉	
	家根音	外神田	屋根屋
	家根万	四谷	屋根屋
	ヤ子八十（ヤ子家曽）	南八丁堀	屋根屋
	山栄	麹町	
	山喜之（山喜の）	芝	
	山七うの（20）		
	山七長（やま七てふ）	桶町、中橋広小路	
	山ぜん		
	山大	も組※⑦	
	山津留（山つる）	深川扇橋町	
	山のえ（家満のゑ）	神田	
	山はん	両国	
	山山定	青山	
	やりいく		
	屋□し		
よ	よこ山	小日向	
	芳幾（一恵斎）		浮世絵師
	よし兼	両国垢離場	
	よし重		
	芳艶（一英斎）		浮世絵師
	芳富		板梁？
	芳虎（一猛斎）		浮世絵師
	吉とら	に組※⑫	
	よし婦久		
	よし松	い組※⑭、本町二丁目	
	米可津（よね加つ）	巣鴨	米屋
	米金		米屋
	米亀（米加女）	八丁堀、京橋	米屋
	米富（米屋とみ）	北新川	米屋
ら	楽亀（楽かめ）	千代田※①	
り	龍浅（りう浅、里宇浅）	龍閑町、西神田	
	龍兼（龍かね、りう兼）	龍閑町	
	龍閑　どぜう（6）	龍閑町	
	龍辰（龍田つ、里宇辰、りうたつ）	龍閑町、宝田村、鎌倉町	

題名		居　住　地	職　　業
	柳亭文二（竹彦改　紀文二）		
ろ	六巳之	芝三田	
	魯文（鈍亭）		戯作者
わ	和哥勘	青山	
	和金	千代田※①	
	渡福		

後藤禎久氏所蔵の貼込帖「納札集」第拾一号・第廿八号・第廿九号、および「柳都納札連名集」より作成。

註：※①～⑭については、具体的には下記の地域に該当する。

①千代田連、ないしは旧千代田村にあたるといわれる鉄砲町辺を指すものと思われ、ここでは便宜上後者と考える。
②麹町・四谷伝馬町・伊賀町・四谷塩町辺。
③赤坂裏伝馬町・赤坂田町・元赤坂町・麻布今井町辺。
④浅草平右衛門町・元旅籠町・元鳥越町辺。
⑤佐久間町・神田相生町・妻恋町辺。
⑥深川佐賀町、相川町、一色町、熊井町、西永代町辺。
⑦新両替町、南鍋町、元数奇屋町、竹川町、加賀町、芝白金台町辺。
⑧大伝馬町・通塩町・小網町・小舟町・堺町・堀江町・富沢町・高砂町辺。
⑨浅草黒船町・諏訪町・田原町辺。
⑩南茅場町、南八丁堀、本八丁堀、日比谷町、亀島町、神田塗師町辺。
⑪本郷一～六丁目・金助町・菊坂台町辺。
⑫通塩町、横山町、馬喰町、村松町、橘町、米沢町、豊島町、久右衛門町、橋本町、吉川町、柳原町、同朋町辺。
⑬北新堀町・箱崎町・銀町・四日市町・川口町・東湊町辺。
⑭本町・伊勢町・通一丁目・本銀町・北鞘町・本材木町二丁目・本船町・西河岸町・万町辺。

参考文献

著書・雑誌

淡島寒月『梵雲庵雑話』平凡社東洋文庫、一九九九年
石井研堂『明治事物起原3』筑摩書房、一九九七年
いせ万（大西浅次郎）「江戸時代の千社札」（『江戸趣味　大江戸』大屋書房、一九一三年）
井上和雄編、渡辺庄三郎校訂『浮世絵師伝』渡辺版画店、一九三一年
内田魯庵『獏の舌』（『内田魯庵全集』補巻二、ゆまに書房、一九八七年）
大久保純一「三世豊国晩年の書簡と役者大首絵」（『Museum』四七八号）
岡田　博『報徳と不二孝仲間　二宮尊徳と鳩ヶ谷三志の弟子たち』岩田書院、二〇〇〇年
小川恭一編『江戸幕府旗本人名事典』第三巻、原書房、一九八九年
興津　要『仮名垣魯文』有隣堂、一九九三年
加藤紫識「観福寿寺　浦島観世音像略縁起」・同（2）（『東洋大学大学院紀要』第三五・三六集）
北原糸子『安政大地震と民衆』三一書房、一九八三年
久留島　浩「祭礼の空間構造」（『日本都市史入門Ⅰ　空間』東京大学出版会、一九八九年）
呉　文炳「謎の人　天愚孔平」（『考証随筆』理想社、一九七三年）
古今亭志ん馬（金川利三郎）『納札大史』（私家版、一九二四年）

澤登寛聡「高井蘭山と『農家調宝記』」(岩田書院影印叢刊2『農家調宝記』、二〇〇一年)
清水晴風「玩具研究の動機及び蒐集苦心談」(『書画骨董雑誌』第四十二号)
清水晴風『神田の伝説』神田公論社、一九一三年
鈴木章生『江戸の名所と都市文化』吉川弘文館、二〇〇一年
関岡扇令編『千社札』グラフィック社、一九七四年
関岡扇令編『納札と千社札』岩崎美術社、一九七七年
高橋龍雄「天愚孔平の伝(一)(二)」(『國學院雑誌』第二一巻第三・四号)
高村光雲『幕末維新懐古談』岩波文庫、一九九五年
竹ノ内雅人「江戸の神社とその周辺―祭礼をめぐって―」(『年報都市史研究12　伝統都市の文節構造』山川出版社、二〇〇四年)
橘　右橘『図説　江戸文字入門』河出書房新社、二〇〇七年
丹野美子「鳩谷天愚孔平と津戸家と榎本星布」(『多摩のあゆみ』第七一号)
千代田区編『新編　千代田区史』通史編、一九九八年
千代田区文化財調査報告書16『ある商家の軌跡―紀伊国屋三谷家調査報告―』二〇〇六年
千代田区立四番町歴史民俗資料館平成十四年度企画展示図録『～江戸のあそび～千社札』二〇〇二年
土屋侯保『江戸の奇人　天愚孔平』錦正社、一九九九年
都市と祭礼研究会編『天下祭読本―幕末の神田明神祭礼を読み解く―』雄山閣、二〇〇七年
中井信彦『日本の歴史21　町人』小学館、一九七五年

中野　猛『説話と伝承と略縁起』新典社、一九九六年
西海賢二『民衆宗教の祈りと姿――マネキ』ぎょうせい、一九九七年
西山松之助「後期江戸町人の文化生活」（『国民生活史研究』第五巻、吉川弘文館、一九六二年）
西山松之助「浮世絵の背景社会」（『古美術』五四号）
西山松之助監修・関岡扇令編『江戸コレクション　千社札』講談社、一九八三年
野崎左文『仮名反古』（『増補　私の見た明治文壇』1・2、東洋文庫、二〇〇七年）
原　淳一郎『近世寺社参詣の研究』思文閣出版、二〇〇七年
原信田　実『謎解き　広重「江戸百」』集英社新書、ヴィジュアル版、二〇〇七年
樋口　弘『幕末明治開化期の錦絵版画』味燈書屋、一九四三年
富士吉田市史編さん室編『富士吉田市上吉田地区石造物調査報告書――上吉田の石造物』一九九一年
フレデリック・スタール『納札史』（私家版、一九二一年）
フレデリック・スタール著、山口昌男監修『お札行脚』国書刊行会、二〇〇七年
牧田　勲「江戸祭礼と女性（一）」（『摂南法学』17号、一九九七年）
宮田　登『江戸ことば百話』東京美術、一九八九年
宮本常一監修『千社札』淡交社、一九七五年（文　渡部　武・図版解説　関岡扇令）
母袋未知庵『古川柳研究』三九号（のち『川柳見世物考』有光書房、一九五九年に所収）
山口昌男『内田魯庵山脈〈失われた日本人〉発掘』晶文社、二〇〇一年
山中　笑（共古）「千社参り納札に就て」（『考古学雑誌』第四巻第七号）

吉田伸之「『江戸』の普及」(『日本史研究』四〇四、一九九六年)
吉田伸之「江戸町火消と若者仲間」(『浮世絵を読む6　国芳』朝日新聞社、一九九七年)
吉田伸之「錦絵の社会＝文化構造」(『浮世絵を読む1　春信』朝日新聞社、一九九八年)
吉原健一郎『江戸の情報屋―幕末庶民史の側面―』NHKブックス、一九七八年
『集古』第一～八巻、同別巻、思文閣出版、一九八〇年
『墨田区文化財調査報告書』Ⅴ、一九八五年。同Ⅵ、一九八六年。同Ⅷ、一九八八年
『日本書誌学大系二九　若樹随筆』青裳堂書店、一九八三年
『森銑三著作集　続編』第二巻、中央公論社、一九九二年

史料

鹿島万兵衛『江戸の夕栄』中央公論社、一九七七年(二〇〇五年改版)
『江戸町触集成』全二〇巻、塙書房
『絵本吾妻花』(黒川真道編『江戸風俗図絵』柏書房、一九九三年所収)
東京都立中央図書館特別買上文庫所蔵『縁起叢書』(全一四冊)
『女将門七人化粧』(『山東京伝集』第三巻黄表紙三、ぺりかん社、二〇〇一年所収)
『嬉遊笑覧』(『日本随筆大成　別巻　嬉遊笑覧』3、吉川弘文館、一九七九年)
『廓花扇観世水』東京都立中央図書館東京誌料文庫所蔵
『古今雑談思出草紙』(『日本随筆大成』第三期第四巻、吉川弘文館、一九七七年)

興津　要校『滑稽富士詣』上、古典文庫、一九六一年
森　鷗外『細木香以』（『森鷗外全集』6、ちくま文庫、一九九六年）
『春波楼筆記』（『日本随筆大成』第一期第二巻）
『神社仏閣納札起原』東京都立中央図書館東京誌料文庫所蔵
『新訂寛政重修諸家譜』第一九、続群書類従完成会、一九九六年
『粋興奇人伝』（『日本近代思想体系18』岩波書店、一九八八年）
『西洋道中膝栗毛』下巻、岩波書店、一九五八年
『続飛鳥川』（『新燕石十種』第一巻、中央公論社、一九八〇年、三八・四三頁）
『続江戸砂子』（小池章太郎編『江戸砂子』東京堂出版、一九七六年）
宮川政運『俗事百工起原』（『未刊随筆百種』第二巻、中央公論社、一九七六年）
『大日本古記録　斎藤月岑日記』岩波書店
斎藤月岑『東都歳事記』（東洋文庫『東都歳事記』1～3、平凡社、一九七〇～七二年）
笠亭仙果『なゐの日並』（『新燕石十種』第三巻、中央公論社、一九八一年）
『馬琴日記』第四巻、中央公論社、一九七三年
『鳩ヶ谷市の古文書　第七集　小谷三志日記Ⅰ』、一九八二年
『花の上野晦日の薄暮』（写本、『江戸時代文化』第一巻第九号）
『花之笑七福神参詣』（『山東京伝集』第三巻黄表紙三、ぺりかん社、二〇〇一年所収）
斎藤月岑『武江年表』（東洋文庫『増訂武江年表』1・2、平凡社、一九六八年）

山崎美成『麓の花』(『燕石十種』第六巻、中央公論社、一九八〇年)
山田桂翁『宝暦現来集』(『続日本随筆大成』別巻六、吉川弘文館、一九八二年)
「民間辞令」『続日本随筆大成　別巻　民間風俗年中行事』吉川弘文館、一九八三年
十方庵敬順『遊歴雑記』(東洋文庫『遊歴雑記初編』1・2、平凡社、一九八九年)
『よしの冊子』(『随筆百花苑』第八巻、中央公論社、一九八〇年)
『落語　水の月』東京都立中央図書館東京試料文庫所蔵
中野　猛編『略縁起集成』第一・二巻(勉誠社、一九九五・九六年)
『両頭筆善悪日記』国立国会図書館、東京都立中央図書館東京誌料文庫・加賀文庫他所蔵

あとがき

私と千社札との出会いは、二〇〇一年のことである。当時大学院でお世話になっていた竹内誠先生から、「富札を研究しているなら、千社札も調べてみるといい」と勧められたのが直接のきっかけであった。当時私は江戸の富くじをテーマに修士論文を書いているところだったが、以来寺社と江戸庶民とのかかわりという上で、いずれも札というものを介した文化的な展開という点に強い関心を持つようになったのである。そしてこの千社札に本気で取り組む機会が、まもなく訪れた。

千代田区立四番町歴史民俗資料館に私が勤務して最初に担当したのが、千社札を取り上げた企画展だったのである。この展示は九段で三弦師を営んでいた方から寄贈された千社札を中心に企画したもので、同僚で民俗学が専門の加藤紫識氏が以前から構想し、準備を進めていたのである。当時私は学芸員の世界の右も左もわからない不出来な新米として、この準備に必死についていった。

このとき私に与えられた任務は、千社札の歴史と文献史料からのアプローチである。竹内先生からの〝指令〟とともに格好の機会を得た私は、関連書を探しては読みふけっているうちに気付いたことがあった。それは現在知られている千社札に関する書のほとんどが、実際に千社札の制作や行為に関わっている、いわば〝内側〟の視線で書かれているという事実であった。この〝内側〟の視線が現在に生きる千社札の文化を分析し、後世に伝える非常に重要な役割をはたしていることは言をまたない。しかし、私を大きく動かしたのは、近世史を学んできた者として、そして江戸の社会や文化の解明を志す者として、千社札を歴史事象の観点で捉えることはできないだろうかという思いであった。富くじについてもそうであるが、誰しも江戸をイメージするようなもののなかで、意外に当時の実像が曖昧に解釈されてきているものが少なくない。とりわけ千社札については、現在でも江戸の文化を継承しているという強い信念と誇りをもって活動している方々が多数存在することを考えれば、千社札を現代と断絶した近世特有の文化と捉えるよりも、むしろ現代との接続・継承の道筋を念頭において分析していきたいと考えた。

こうして近世の寺社参詣関連の史料を調査する一方で、現在の納札会や文字師橘右之吉氏への取材、そして寺社に行ってはお堂や水屋などに貼られた千社札を撮影するという日々が続いた。おかげでよく見かける題名や、よく貼られる場所などがひと目でわかるようになったほか、秩父の菊水寺には四度もお邪魔し資料を快く貸していただくことができた。それと同時に、近年よく寺社でみられる「千社札お断り」の看板は、シール型千社札の流行によって建物が損傷し美観を損ねる実態からくるものであることがわかり、和糊を使用した伝統的な納札スタイルを堅持し建造物への配慮を怠らない活動家のみなさんの心意気に感服したこともしばしばであった。そのようななかでさらに大きな出番がやってきた。関東近世史研究会での大会報告である。

このときの大会テーマは「江戸の信仰と社会関係―居住者の視点から―」というもので、有難くも千社札を題材にした私の研究を同期の細野健太郎氏や坂本達彦氏が応援してくれたのである。この大会では大学の先輩である吉田正高氏と、近年寺社参詣史を塗り替える活躍をされている同志の原淳一郎氏に私を加えた三人が報告者に選ばれていた。研究蓄積の豊富な吉田・原両氏に比べ、私の千社札に関する研究ははなはだ未熟であり、無論遠く及ばないものであったが、このとき両氏や関東近世史研究会の皆さんの胸を借りてようやく研究の視角を定めることができたように思う。

その後も西海賢二先生や鈴木章生先生・福原敏男先生をはじめ、富澤達三氏・亀川泰照氏・菅野洋介氏など多くの方々から助言をいただく一方で、私は職場で紀伊国屋三谷家の資料群と出会い、岩切友里子氏から錦絵の世界を学びながら、千社札の世界と幕末錦絵の世界とを相対化する機会にも恵まれた。また、古今亭志ん馬の収集した幕末期の納札貼込帖を所蔵されている後藤禎久氏や、「天愚孔平」研究の第一人者土屋侯保先生に出会い、そして土屋先生のご紹介で江戸以来の膨大な納札・千社札を所蔵されている山口政五郎氏に出会うことができた。ことに後藤・山口両氏は貴重な幕末の納札を撮影することを快諾してくださり、本書にその一部を紹介させていただいた。

ただ、なんとも残念なのは、原信田実氏にめぐり合い、梅素亭玄魚のご子孫を紹介していただいたうえ、さまざまなご指摘を頂戴したにもかかわらず、本書が上梓される前に同氏が急逝されたことである。メールで何度か意見を交換させていただいたが、「この時期の解明に、人の輪、ソーシャルネットワークと勝手になづけていますが、これに注目することは大いに賛成で私もそのアプローチをとっています。」「私の『江戸百』説は安政の地震から復興する江戸の名所を描くことでスタートした連作だというもので、地震後の復興景気で羽振りのよくなった職人層に注目します。この点でも、滝口さんの注目点と一致するわけです。」という一文には大いに勇気付けられた。氏はまた、志ん馬の収集した納札貼込帖の中にみえる「魚ゑい」が『江戸百』版元の魚屋栄吉であることを指摘して下さった。いずれ画像をお見せすると約束したままであったので、現在のところ他の問いにもいまだ回答を出せずにいる私に唯一できることは、この「魚ゑい」の札を紹介することくらいしかなく、本書図28に掲載した次第である。

その後も私の幸運は続いた。同成社の山脇さんとの出会いである。

現在も編集のお手伝いをしている歴史学会の会誌『史潮』の件で山脇さんに出会ったのは、一昨年の秋のことだった。たまたま私の職場に近いということもあって、頻繁に足を運びお会いしているなかで、本書刊行のお話をいただいたのである。本の執筆・刊行は展示図録や調査報告書とは勝手が違う。内容もさることながら、構成や執筆の仕方に試行錯誤するうちに、だいぶ月日が経ってしまった。それでもなんとか刊行にこぎつけることができたのは、山脇さんが常にあたたかく励まして下さったからにほかならない。

本書はこのように、さまざまな出会いや好意に恵まれて研究を進めることができたひとつの到達点であり、今後克服すべき課題を多く含んだ通過点でもある。無論、まだまだ不備な点や解釈・分析に不十分な点も少なくないと痛感しており、今後も忌憚のないご意見を拝聴したいと思っているが、まずはこれまでにお世話になった多くの方々に、この場をお借りして心より御礼を申し述べたい。そして本書が今後の近世史研究に少しでも寄与し、一人でも多くの方々に江戸にたいする興味をもっていただける機会となるならば幸いである。

二〇〇八年五月

滝口正哉

挿図所蔵先一覧

図1・3～9・15・39　国立国会図書館所蔵、図2　黒川真道編『江戸風俗図絵』（柏書房、一九九三年刊）より転載、図14　東京都立中央図書館特別文庫所蔵、図32　同特別買上文庫所蔵、図33・39～41・45　千代田区立四番町歴史民俗資料館寄託三谷家資料、図48　神田神社所蔵、図51　菊水寺所蔵、図19～28・38・49　後藤禎久氏所蔵、図10・11　山口政五郎氏所蔵、他はすべて筆者所蔵。

千社札《せんじやふだ》にみる江戸《えど》の社会《しやかい》

著者略歴

滝口　正哉（たきぐち・まさや）

1973年　東京都に生まれる。
1996年　早稲田大学教育学部社会科地理歴史専修卒業。
2005年　立正大学大学院文学研究科博士後期課程満期退学。
現　在　千代田区教育委員会文化財調査指導員、徳川林政史研究所非常勤研究生。博士（文学）。
主要論文
「江戸における御免富の展開」（『立正史学』第92号、2002年）
「江戸庶民信仰の娯楽化―千社札をめぐって―」（『関東近世史研究』第54号、2003年）
「江戸の豪商の旅―嘉永四年の道中記から―」（『交通史研究』第61号、2006年）

2008年 6 月30日発行

著　者　滝　口　正　哉
発行者　山　脇　洋　亮
印刷者　藤　原　印　刷　㈱

発行所　東京都千代田区飯田橋 4-4-8　**㈱同成社**
東京中央ビル内
TEL　03-3239-1467　振替00140-0-20618

ISBN978-4-88621-436-2 C3321